**Le couple franco-allemand vu
par certains États tiers depuis 1963**

Cahiers de **fare n° 7**

Le couple franco-allemand vu
par certains États tiers depuis 1963

Sous la direction de Sylvain Schirmann

© L'HARMATTAN, 2016
5-7, rue de l'École-Polytechnique, 75005 Paris

www.harmattan.fr
diffusion.harmattan@wanadoo.fr

ISBN : 978-2-343-09390-1
EAN : 9782343093901

Sommaire

Introduction : Le couple franco-allemand
vu par certains États tiers depuis 1963   7
   Sylvain SCHIRMANN, université de Strasbourg

La Suisse et les relations franco-allemandes
dans les années soixante   13
   Antoine FLEURY, université de Genève

Le couple franco-allemand vu par la Belgique : de l'échec
du plan Fouchet au premier élargissement (1962-1973)   31
   Vincent DUJARDIN, université catholique de Louvain-la-Neuve

La construction européenne dans les années 1970 :
Pierre Werner et le couple franco-allemand   47
   Elena DANESCU, CVEC, Luxembourg

Le Portugal, l'Europe et l'entente franco-allemande.
Échos et réactions à la célébration du traité de l'Élysée.   81
   Maria Fernanda ROLLO, université de Lisbonne

L'évolution de l'attitude de la Pologne envers le traité de l'Élysée :
de la « Lettre des évêques » au Triangle de Weimar   101
   Jozef LAPTOS, université pédagogique de Cracovie

Le couple franco-allemand vu de Hongrie
autour de l'année 1989   123
   Gergely FEJÉRDY, université de Budapest

Le traité de l'Élysée et la structuration des relations Est-Ouest
à travers les rapports à l'intérieur des communautés   155
   Nicolae PĂUN, université Babeș-Bolyai Cluj-Napoca

Auteurs   177

Introduction
Le couple franco-allemand vu par certains États tiers depuis 1963

Dans le cadre du cinquantenaire de la signature du traité de l'Élysée (22 janvier 1963) entre le chancelier Adenauer et général de Gaulle, ce colloque se propose d'interroger le bilan de cette relation en l'abordant d'une manière particulière et originale. La problématique se préoccupe du regard que les autres États jettent sur ces 50 ans de coopération franco-allemande. Ne sont-ils pas les mieux placés pour jauger de l'intensité de leurs relations, de leurs dysfonctionnements, de leurs apports aux relations interétatiques et à la construction européenne ? Craignent-ils ce couple ? Ou au contraire le pensent-ils construit sur des fondations instables ? Les autres États sont en tout cas un excellent miroir pour la relation franco-allemande et nous en apprennent autant sur la coopération entre les deux riverains du Rhin qu'une investigation centrée sur le seul franco-allemand. Ce colloque veut ainsi replacer le rapport franco-allemand dans son environnement international, et plus particulièrement européen, et montrer quel poids réel il y a.

La thématique des tiers dans les relations franco-allemandes n'est certes pas une problématique nouvelle. L'ensemble des colloques consacrés par le CNRS aux relations franco-allemandes, une série de colloques de la fin des années 1970, incluait systématiquement une approche de ce type dans ses études sur les relations franco-allemandes dans les années de l'entre-deux-guerres. Cela s'appelait le facteur. On eut ainsi une série de communications, à travers les trois volumes : le facteur britannique, le facteur américain, le facteur soviétique dans la relation franco-allemande. Parfois, les auteurs abordèrent ce qu'ils appelaient les petites puissances entre la France et l'Allemagne. Tout à tour, on aborda la Belgique, le Luxembourg, la Pologne, la Roumanie, la Pologne. Assez curieusement, il n'y eut qu'une communication, celle de Pierre Guillen sur l'Italie. Les publications *Francia* qui avaient organisé un colloque sur la relation franco-allemande à la veille de la Seconde Guerre mondiale l'abordaient dans le même esprit. Il s'agissait de voir comment dans une logique de puissance, les tiers pouvaient favoriser un des deux États au détriment des autres, comment France et Allemagne cherchaient à avoir l'appui britannique, américain ou soviétique. Les travaux sur la puissance en Europe, menés sous la direction de R. Girault et de Franz Knipping s'inscrivaient également dans cette ligne[1].

Un certain nombre de colloques consacrés aux relations bilatérales entre la France ou l'Allemagne et un autre État fournirent eux aussi leur lot d'informations sur le rôle des tierces puissances. Que l'on me permette d'évoquer la série de colloques organisés dans les années 1970 par Raymond Poidevin à Metz, et centré sur les relations franco-belges, franco-luxembourgeoises et franco-suisses. Dans chaque volume d'actes, en filigrane l'Allemagne. Il en est de même dans les colloques consacrés par le CNRS à aux relations franco-britanniques[2].

Le comité franco-allemand pour l'étude de l'histoire de la France et de l'Allemagne, en consacrant son colloque de 1994, aux tiers dans les relations franco-allemandes (cf. la publication des actes en 1996) fut le dernier à avoir abordé sous cette façon de voir la problématique la relation franco-allemande[3]. Si les deux premières parties de

---

[1] CNRS, *La France et l'Allemagne 1932 -1936*, Paris, Éditions du CNRS, 1980.
CNRS, *Les relations franco-allemandes 1933 -1936*, Paris, Éditions du CNRS, 1976 ; HILDEBRAND, Klaus, WEBER, K. Ferdinand, (hrsgb.), *Deutschland und Frankreich 1936 -1939*, Beihefte der *Francia*, Bd. 10, München, Oldenbourg, 1981 ; GIRAULT, René, FRANK, Robert (dir.), *La puissance en Europe 1938 -1940*, Paris, Publications de la Sorbonne,1984 ; KNIPPING, Franz, MÜLLER, Klaus-Jürgen (hrsgb.), *Machtbewusstsein in Deutschland am vorabend des Zweiten Weltkriegs*, Paderborn, Schöning, 1984.
[2] Centre de recherches Relations internationales de l'université de Metz, *Les relations franco-belges de 1830 à 1934*, Actes du colloque de Metz, 15-16 novembre 1974, Metz, 1975.
POIDEVIN, Raymond, TRAUSCH, Gilbert (dir.), *Les relations franco-luxembourgeoises de Louis XIV à Robert Schuman*, Actes du colloque de Luxembourg, 17-19 novembre 1977, Metz, 1978.
POIDEVIN, Raymond, ROULET, Louis-Edmond (dir.), *Aspects des rapports entre la France et la Suisse de 1843 à 1939*, Actes du colloque de Neuchâtel, 10-12 septembre 1981, Metz, 1982.
[3] BAECHLER, Christian, MÛLLER, Hans-Jürgen (herausgegeben im Auftrag des Deutsch-Französischen Historikerkomitees), *Les tiers dans les relations franco-allemandes*, München, Oldenbourg Verlag, 1996 ; on peut également citer sous l'égide du même comité franco-allemand : MIECK, Ilja, GUILLEN, Pierre (herausgegeben von), *La France et l'Allemagne face à la Russie*, München, Oldenbourg Verlag, 2000.

l'ouvrage restent classiques et s'inscrivent dans les pas des approches précédentes, la dernière partie ouvre des perspectives nouvelles pour aborder la problématique des tiers dans la relation franco-allemande. La première partie s'intéresse aux grandes puissances entre France et Allemagne. Il y est question des États-Unis, de l'URSS et du Royaume-Uni. L'essentiel des exposés envisage la problématique sous l'angle de la sécurité et de la guerre froide. Ils sont consacrés à la période qui court de la Seconde Guerre mondiale à la disparition de l'URSS en 1991. La seconde partie s'intéressait quant à elle aux moyennes et petites puissances entre la France et l'Allemagne. Il y fut question de Belgique, d'Italie, du Luxembourg, des États balkaniques et de la Pologne. Les auteurs consacrèrent sur ce point leurs exposés au premier tiers du XXe siècle. La dernière partie tenta d'explorer les voies de l'impact de facteurs transnationaux sur les relations franco-allemandes. Cela permet d'aborder sous l'angle des relations internationales des approches d'histoire comparée, comme à travers les interventions sur le communisme, le patriotisme, et les protestantismes en France et en Allemagne. L'approche ouvre également des pistes lorsqu'il s'agit d'étudier le binôme France-Allemagne face à d'autres modèles (comme le modèle de rationalité industrielle américain), ou face à des organisations internationales (le Vatican, les organisations culturelles internationales). Cette dernière approche diversifie les acteurs, inscrit la relation franco-allemande dans le terreau de la société civile, parle d'autonomie des acteurs, plus ou moins grande, par rapport à l'acteur privilégié, jusqu'alors, l'acteur étatique.

Ce dernier joue certes un rôle important, et son rôle varie en fonction de son poids, de sa marge de manœuvre, de son appartenance à des systèmes d'alliances ou à des organisations internationales qui interfèrent dans le rapport franco-allemand. Mais d'autres éléments peuvent peser, qui contribuent à modeler les sphères dans lesquelles se déploient les relations franco-allemandes, tout simplement parce qu'ils sont transnationaux : les Eglises, les idéologies, les organisations internationales. La capacité et l'intensité de leur influence est variable. Cette approche des relations franco-allemandes a été, et surtout l'interférence des tiers, a été privilégiée dans les recherches qui se sont développées depuis deux décennies. Le couple franco-allemand est vu depuis dans son environnement européen et l'histoire de la construction européenne est une écriture d'un mouvement à la fois *sui generis*, et en même temps une étude de relations multilatérales entre États. De 1984, date où dans cette ville, R. Poidevin a organisé le premier colloque d'historiens consacré à la construction européenne, l'étude des relations franco-allemandes s'inscrit dans ce cadre européen et multilatéral[4]. Il suffit de regarder à ce sujet la production du Groupe de Liaison ou d'autres colloques, pour mesurer l'approche : on parle de couple, de moteur, de frein…On scrute les pannes, les difficultés au sein du binôme. On mesure les limites, souvent du point de vue du processus de la construction européenne. Peut-on encore voir les deux États sans cet arrière fond ou cet avant-fond européen ?

Le projet De Gaulle-Adenauer était – si l'on veut bien se souvenir – de construire une Europe des États autour du binôme. On s'en est certes écarté. Mais il n'en reste pas moins que l'union d'États-nation ou la Fédération d'États nations actuelle n'a pas encore renvoyé aux calendes grecques les relations entre ceux-ci. L'UE et le processus n'empêche pas les relations bilatérales, l'interférence des tiers et des éléments classiques des RI interétatiques continuent de subsister. Dès lors, on peut justifier cette approche, pour explorer les relations franco-allemandes depuis 1963.

La journée d'études s'organise ainsi autour de quelques moments. Le premier vise à présenter le regard des voisins immédiats, ceux qui par le passé à la fois espéraient le rapprochement franco-allemand, mais qui parfois également le craignaient, ceux qui étaient directement victimes de leur antagonisme, ou en subissaient des effets collatéraux. Quelle est leur approche depuis le début des années 1960 ? Antoine Fleury, nous présentera le regard que la Suisse jette sur la relation. Le moment ensuite d'aborder autour de la période de relance communautaire. Elena Danescu, nous montrera comment Pierre Werner s'est positionné entre Paris et Bonn. Quant à Vincent Dujardin, il nous livrera comment la Belgique vit cette relation avec « ces chers voisins ».

Le second moment déplace le regard vers l'Europe méditerranéenne. Il était nécessaire que l'on parle de l'élargissement de 1986. Mario Saorès, tout comme Felipe Gonzalez avaient des relations fortes,

---

[4] POIDEVIN, Raymond (dir.), *Histoire des débuts de la construction européenne mars 1948-mai 1950*, Bruxelles, Bruylant, 1986.

notamment à travers l'Internationale socialiste, avec des personnalités politiques de premier plan (que l'on songe à Mitterrand, ou à Brandt, voire même Kohl) et les deux États ibériques avaient souvent vu leur population partir alimenter l'immigration en France et en Allemagne. Quelles étaient les attentes de Lisbonne ? Maria Fernanda Rollo, auteure d'une anthologie, d'un dictionnaire des relations internationales, de l'université de Lisbonne nous expliquera comment du Portugal on analyse l'impact du couple franco-allemand. Le dernier moment s'intéressera aux pays d'Europe centrale et orientale face à ce tandem. La Pologne, dont la symbolique de la réconciliation avec l'Allemagne, est au moins aussi forte que celle entre la France et l'Allemagne, ne s'est jamais désintéressée –même et surtout à l'époque de la guerre froide – de ce qui se passait entre Paris et Bonn. Son indépendance retrouvée, elle s'inscrit elle-même à travers le dialogue de Weimar dans l'orbite du couple. Josef Laptos, de l'Université pédagogique de Cracovie nous livrera quelques clefs de la vision polonaise. Membre comme la Pologne du groupe de Visegrad, la Hongrie a été très tôt intéressée, elle également depuis le rideau de fer, à un rapprochement avec l'Ouest, et peut-être davantage avec l'Allemagne, en témoignent ses échanges avec ce dernier dès les années 1980. Gjergely Federjy, de l'université de Budapest, s'est depuis longtemps intéressé à la politique extérieure de la Hongrie et de son rapport à la construction européenne. C'est à lui de montrer, dans un moment crucial pour l'histoire européenne, comment Budapest se positionne face à l'Allemagne et à la France. Enfin, *last but not least*, il sera question de la Roumanie. Traditionnellement, l'historiographie a montré comment elle était l'enjeu de rivalités franco-allemandes. Le récent colloque organisé à Cluj sur cette Europe centrale et orientale au xxe siècle l'a encore mis en valeur. C'est avec une contribution originale, puis qu'elle essaie de nous faire revivre le couple au prisme de la guerre froide, que notre collègue Nicolae Paun, doyen de la faculté d'Études européennes de l'université de Cluj, aborde la question.

À partir de ces États, on peut interroger différemment le *leadership* franco-allemand en Europe. Le perçoit-on de manière impérialiste ? Où le perçoit-on de manière « impérialiste » ? Ou au contraire estime-t-on ce moteur bénéfique pour ses propres intérêts nationaux ? Bref, vous laisse-t-il suffisamment d'oxygène ? D'autres pistes méritent d'être creusées : regarde-t-on le couple comme un couple équilibré ?

Ou déséquilibré ? Qu'implique ce regard sur sa propre attitude vis-à-vis des deux partenaires ? Là également, il s'agit de positionner la relation franco-allemande dans son environnement européen. C'est donc au-delà du couple, un regard sur les évolutions européennes que cette manifestation entend porter. Ainsi, à partir de l'analyse de rapports interétatiques classiques, peut-on rejoindre les processus transnationaux, permettant ainsi de faire la synthèse entre les deux approches successives de l'analyse des relations franco-allemandes et aborder ainsi des convergences en matière d'histoire européenne.

Sylvain SCHIRMANN

La Suisse et les relations franco-allemandes dans les années soixante

Le jour même de la commémoration de la signature du traité de l'Élysée, les ambassadeurs de France et d'Allemagne à Berne, Michel Duclos et Peter Gottwald, signaient un article commun dans la presse suisse, le 22 janvier 2013, sous le titre : *L'incroyable réconciliation entre deux vieux ennemis*[1]. Après avoir résumé les principaux apports de la coopération franco-allemande basée sur le traité depuis son entrée en vigueur le 2 juillet 1963, les deux diplomates relèvent le rôle joué par le couple franco-allemand dans la construction européenne, sans masquer les tensions et les divergences qui l'ont accompagné durant ce demi-siècle.

« Et la Suisse dans tout cela ? » concluent-ils. « Dans une perspective historique, la réconciliation franco-allemande et davantage encore le grand dessein européen qui est sa conséquence ne sont pas des questions indifférentes pour un pays comme la Suisse, notre voisine commune située au cœur du continent. […] Le peuple et les autorités suisses débattent depuis plus de quarante ans de leur attitude au regard de la construction européenne. Ce débat sur les relations entre la Suisse et l'UE est encore aujourd'hui au centre de l'actualité dans la Confédération, sans doute l'État non-membre le plus intégré au marché unique. Dans ce cadre, il paraît utile de rappeler que l'Europe est une construction adaptable, verte et démocratique dans laquelle tous les membres, quelle que soit leur taille, ont leur mot à dire ; la coopération franco-allemande, appuyée sur la base de l'Élysée, reste un des piliers de cette construction. Et c'est cette Europe qui est désireuse de poursuivre des relations harmonieuses et équilibrées avec la Suisse. »

Cette citation d'acteurs autorisés de la politique étrangère allemande et française ouvre une perspective stimulante à propos du thème proposé

---
[1] Nous citons le texte paru dans *Le Temps*, Genève, mardi 22 janvier 2013, p. 11.

ici : en effet que dire de la Suisse par rapport au traité de l'Élysée et des relations franco-allemandes ? D'entrée de jeu, nous avons proposé de limiter notre analyse à la période des années soixante, autrement dit à la période fondatrice de ce qui va devenir le couple franco-allemand au cours des décennies, avec des hauts et des bas sur le plan de la concertation tant dans les activités bilatérales que dans les engagements européens, voire sur le plan de la politique mondiale.

Toutefois, dans le souci de mieux saisir l'intérêt de la Suisse, voire ses implications, dans la mise en place d'une coopération franco-allemande, il importe de fournir quelques indications sur ce que représente l'Allemagne et la France pour la Suisse et celle-ci pour ses deux voisines.

Du point de vue géopolitique, il convient de rappeler que la Suisse, enserrée sur sa frontière occidentale et septentrionale par les deux grandes puissances européennes continentales (hors Russie), entretient une mémoire contrastée et en quelque sorte asymétrique par rapport à l'Allemagne et à la France. Convient-il de rappeler que la Suisse s'est formée en tant qu'État (d'abord confédération de Cantons) par opposition avec le grand voisin du Nord qu'était le Saint Empire romain germanique. Or dans cette quête d'indépendance, les Cantons suisses ont reçu l'appui des Rois de France, notamment contre le célèbre duc de Bourgogne, Charles le Téméraire. Toutefois, ils se heurtèrent aux troupes de François 1er en Italie du Nord et à la suite de leur défaite à Marignan en 1515, ils acceptèrent dans la Paix de Fribourg (1516) de se déclarer neutres dans les guerres menées par la France. C'est le début d'une politique de neutralité des Suisses qui choisirent de se mettre au service des princes d'Europe qui les sollicitaient en tant que forces mercenaires pour conduire des guerres ou se protéger des ambitions territoriales de princes rivaux, notamment en France, le plus important des « services étrangers » au profit du Roi de France, ou encore en Italie, au service du Saint-Siège ainsi que de Venise et de Naples. Jusqu'à l'arrivée des armées de la Révolution française en Suisse en 1798, puis l'intervention de Napoléon qui accepte un compromis avec les Suisses dans le fameux Acte de Médiation en 1803, la Suisse entre pour une période qui s'allonge jusqu'en 1814 dans la sphère d'hégémonie de la France en Europe.

Dans la mémoire des Suisses, cette domination française marque la dernière présence étrangère en Suisse ; l'effondrement de l'empire napoléonien permet l'émergence d'une Suisse nouvelle tant sur le plan territorial – son espace ne va plus changer jusqu'à nos jours – que sur le plan institutionnel, même si les institutions ont évolué considérablement, notamment à la suite de la création de l'État fédéral en 1848. Autrement dit, de 1815 à nos jours, la Suisse demeure ce point fixe au cœur de l'Europe qu'a contribué à renforcer le statut de neutralité permanente accordé par les puissances européennes au congrès de Vienne « dans les vrais intérêts de la politique de l'Europe entière ». Aux yeux des Suisses, la France demeure une grande puissance dont il faut s'assurer l'amitié, même si le voisinage et les échanges de tous ordres qui sont intenses donnent lieu de temps à autre à des tensions qui se sont toujours réglées dans des négociations qui ont permis d'établir des compromis respectueux des droits et des intérêts des deux partenaires. Pour la Suisse, l'effondrement de la France en 1940 a constitué un choc d'autant plus profond et préoccupant du fait que le grand partenaire qui assurait la stabilité des frontières occidentales de la Suisse avait perdu toute crédibilité. Aussi la restauration d'une France forte et prospère après 1945 ne pouvait que recevoir un appui marqué et renouvelé de la part de la Suisse, notamment du point de vue d'une nouvelle stabilité sur ses frontières et de l'approfondissement des échanges économiques qui ont toujours été très importants.

Qu'en est-il de la perception du voisin du Nord, l'Allemagne[2] ? Durant les deux derniers siècles, les relations entre les deux partenaires suivent une géométrie variable. En effet, elles n'ont pas toujours été marquées par l'existence d'une petite entité étatique, en l'occurrence la Suisse, devant faire face à un grand État allemand. En réalité, l'ensemble géopolitique de l'Europe centrale a été plusieurs fois chamboulé et recomposé tout au long de la période contemporaine, affectant ainsi directement les tracés des frontières étatiques autour de la Suisse. Au moment de la reconstruction de la Confédération en 1815, le sort de la Suisse n'est pas placé entre les mains d'un puissant empire allemand qui lui aurait dicté son rang et ses obligations. Ce n'est pas non plus

---

[2] Antoine FLEURY, Horst MÖLLER et Hans-Peter SCHWARZ (dir.), *Die Schweiz und Deutschland 1945-1961*, Munich, Oldenbourg, 2004.

l'empire des Habsbourg, grand voisin au prestige historique indéniable, mais qui émerge en 1814 très affaibli par la tourmente révolutionnaire et les actions napoléoniennes, qui aurait pu peser de façon décisive sur le destin de la Suisse comme il l'avait fait pendant des siècles. Ce sont en effet plutôt l'empire russe et la Grande-Bretagne qui ont exercé une influence déterminante sur la formation aussi bien territoriale qu'institutionnelle d'une Suisse nouvelle. La Confédération germanique qui s'est formée sur les ruines du système napoléonien n'a pas été un voisin menaçant au Nord : les États voisins qui la composaient tels que le Grand-Duché de Bade et les royaumes de Bavière et de Wurtemberg ont été des partenaires d'importance moyenne, nouant des relations pratiques de tous ordres avec la Confédération suisse. Pendant quelques décennies, les États d'Allemagne du Sud n'ont donc représenté aucune menace pour la Suisse et les rapports peuvent être qualifiés de « bon voisinage ». Tout change avec la création de l'Empire allemand en 1871. Désormais, les relations diplomatiques et politiques se concentrent à Berlin, y compris les négociations sur les échanges économiques, même si des relations spécifiques subsistent avec les États du Sud de l'Allemagne. Dès le déclenchement du premier conflit mondial, les échanges qui ont été fluides pendant des siècles, de part et d'autre du Rhin, ont été interrompus pour une part importante. La bureaucratie, les contrôles systématiques des hommes et des marchandises ont changé la nature de la relation fondée sur le bon voisinage. Le Reich allemand, aspirant à l'hégémonie, a souvent montré sa lourde patte ; il a aussi tenté d'impressionner, pour ne pas dire de séduire dans son ambitieux projet de Grande Puissance mondiale et surtout de *Mitteleuropa*. Mais la défaite de 1918 change la donne. Les bouleversements politiques, économiques et sociaux qui s'ensuivent en Allemagne menaçaient de s'étendre à la Suisse dès l'automne 1918. Le sort fait à l'Allemagne dans le traité de Versailles a incité les Suisses à se replier sur leur propre destinée, même s'ils acceptèrent avec réticence de prendre part à la nouvelle Société des Nations. Ils s'engagèrent dans la recherche d'une identité nationale de plus en plus marquée par rapport à leurs voisins. Par ailleurs, la nouvelle République de Weimar, amputée de plusieurs territoires ayant appartenu au Reich, notamment de l'Alsace-Lorraine, voisine de la Suisse, ne représentait plus un voisin qu'il fallait craindre : des relations équilibrées – et non plus dictées – pouvaient à nouveau être rétablies entre les deux entités. L'arrivée de Hitler au pouvoir et son projet de restauration d'un Reich puissant allaient à nouveau changer la donne. Durant une douzaine d'années, l'Allemagne hitlérienne était devenue un partenaire exigeant et menaçant : les incessantes remontrances et menaces des dirigeants allemands ont profondément marqué les esprits en Suisse au point que les citoyens, plusieurs décennies après l'expérience hitlérienne, éprouvent encore beaucoup de peine à se débarrasser de cette image d'une Allemagne exigeante et menaçante. De son côté, la Suisse officielle, consciente de la fragilité de sa position de petit État neutre et de l'absence d'une solidarité européenne efficiente en cas de conflit avec la Grande Allemagne, s'adonna avec une habileté certaine à une adaptation partielle et graduée aux exigences allemandes de plus en plus impératives au cours du deuxième conflit mondial. À la défaite du Reich en 1945 et durant les années qui ont suivi, la Suisse n'avait plus rien à craindre du supposé grand voisin. C'est au contraire la division de l'Allemagne en plusieurs entités qui préoccupait les autorités suisses ; celles-ci ont éprouvé beaucoup de peine à s'habituer au nouveau statut imposé par les Puissances victorieuses : elles redoutaient que le chaos s'installât aux frontières de la Suisse. Elles se sont hâtées à contribuer au redressement des proches voisins, en leur apportant toutes sortes de prestations alimentaires, économiques et culturelles. Même si le gouvernement suisse a éprouvé bien des difficultés à accepter la division de l'Allemagne en deux États en 1949, elle dut se résoudre à reconnaître, en mars 1951, la nouvelle et fragile République fédérale d'Allemagne, dès que cette dernière obtînt des Puissances alliées, le 5 mars 1951, le droit d'établir des relations directes avec les pays étrangers[3]. La nouvelle Allemagne fédérale qui s'est affirmée dans la deuxième moitié du 20e siècle partage avec la Suisse – et ceci est une donnée tout-à-fait nouvelle et fondamentale – les mêmes valeurs démocratiques et morales ; la RFA est désormais perçue comme une « république sœur ». Entre les deux voisins, des relations intenses vont se développer dans tous les domaines et notamment économiques où l'Allemagne constitue le plus grand partenaire. L'intensité des échanges suscitera de temps à autre des tensions vives ; la résistance de la Suisse à

---

[3] Antoine FLEURY, « La question allemande et les autorités suisses 1945-1951 », *Relations internationales*, Paris/Genève, n° 52, hiver 1987, p. 379-398.

plier devant certaines exigences allemandes provoque de l'exacerbation dans les cercles dirigeants du grand voisin par rapport à la petite Suisse qui tient tête, consciente de ses droits qu'elle sait pouvoir faire valoir face à un État de droit comme la RFA.

On le voit dans la période que nous proposons d'analyser, celle de l'instauration d'une coopération structurelle au début des années soixante, entre les deux plus importants partenaires de la Suisse que sont l'Allemagne et la France, la Suisse est consciente d'avoir affaire à deux États aux profils bien différents l'un par rapport à l'autre ; les expériences récentes et lointaines de la Suisse avec ses deux partenaires incontournables sont elles aussi très contrastées. Quant aux interlocuteurs étatiques durant les années soixante, il importe de tenir compte de leur personnalité, de leur pouvoir ainsi que de leur vision politique. Pour la France, nous avons le général De Gaulle, arrivé au pouvoir en 1958, dans un contexte de crise de l'État, doté de pouvoirs exceptionnels dans une démocratie moderne, avec la mise en place de la Ve République et d'un régime présidentiel. Il sera au pouvoir jusqu'au 28 avril 1969 : son successeur a été Georges Pompidou dès le 15 juin. Nous aurons donc surtout affaire aux initiatives, gestes et propos du président De Gaulle. Pour l'Allemagne, les interlocuteurs sont plus nombreux. Certes, il y a d'abord le chancelier Adenauer, fondateur de la République fédérale, aux pouvoirs restreints et hypothéqués par la présence des Puissances alliées qui occupent encore militairement le pays. Konrad Adenauer est aux commandes de 1949 à 1963 : ses successeurs sont Ludwig Erhard jusqu'en 1966, Kurt-Georg Kiesinger jusqu'en 1969, tous membres de la Démocratie chrétienne, enfin l'accession du social-démocrate Willy Brandt à la Chancellerie, qu'il occupera jusqu'en 1974, inaugure une rupture avec l'ère Adenauer et inspire une *Ostpolitik* qui vise à instaurer des relations apaisées avec ses partenaires de l'Europe communiste et en premier lieu avec la République démocratique allemande.

Ces brèves indications permettent d'entrevoir que les contacts ne seront pas de même nature entre les dirigeants suisses et leurs partenaires français ou allemands. En effet, la consultation des documents diplomatiques sur la période permettent de percevoir les relations franco-allemandes sous des aspects bien différents s'il s'agit de l'Allemagne ou de la France. On découvre rapidement que l'enjeu premier du nouveau partenariat franco-allemand, c'est la construction européenne. Or, par rapport à cet enjeu, les vues, les objectifs et les initiatives des uns et des autres sont loin d'être convergents. Que veut et peut la France s'interroge-t-on à Bonn ? Que veut et peut l'Allemagne s'interroge-t-on à Paris ?

Au moment où le général De Gaulle arrive au pouvoir, le 1er juin 1958, le mouvement d'intégration européenne s'inscrit d'une part dans la mise en œuvre du traité de Rome, de mars 1957, auquel De Gaulle et ses amis politiques s'étaient opposés, et d'autre part dans la négociation visant à l'établissement d'une grande zone de libre-échange en Europe, qui éviterait la coupure entre les six États réunis dans le Marché commun et les autres États membres de l'OECE, notamment l'Angleterre et l'Irlande, les pays scandinaves, la Suisse, le Portugal, la Grèce et la Turquie[4]. Or, depuis l'arrivée au pouvoir de De Gaulle, la négociation portant sur la mise en place de la grande zone proposée se trouve bloquée, la France refusant d'entériner les propositions soumises par le Comité Maudling au sein de l'OECE. Les cinq partenaires de la France dans le Marché commun naissant, notamment l'Allemagne et le Benelux, étaient très favorables à cette formule qui sauvegardait les liens avec les non-Six. En Allemagne, surtout dans les milieux économiques, notamment le ministre de l'Économie, Ludwig Erhard, lui-même un zélé partisan du libre-échange en Europe et dans le monde, on tenait à sauvegarder les échanges avec le Royaume-Uni et le Commonwealth. On se préoccupait beaucoup à Berne des réticences de Paris à s'engager dans l'accord proposé sur la grande zone de libre-échange. Face à cette situation de blocage, le département fédéral des Affaires étrangères chargea son ambassadeur à Paris de solliciter un entretien auprès du général De Gaulle. Il eut lieu à Matignon, le 14 octobre 1958[5]. Très avenant, De Gaulle, en ouvrant l'entretien, « déclara que dans le monde bouleversé d'aujourd'hui la Suisse représentait un îlot de calme et de raison. Elle a le privilège de ne pas connaître de divisions intérieures. Elle dispose de tous les éléments, y compris des moyens matériels, pour poursuivre sa voie ». Puis le Général poursuit en « demandant abruptement «que

---

[4] Antoine FLEURY, « La Suisse, le projet de Grande Zone de Libre Échange et la création de la CEE », *in* Enrico SERRA (dir.), *Il rilancio dell'Europa e i Trattati di Roma*, Milan, A. Giuffré, 1989, p. 335-376.
[5] Pour le texte complet du rapport de l'ambassadeur Pierre Micheli, *cf. Documents diplomatiques suisses (DDS)*, vol. 21, n° 19, p. 51-53 (DoDiS-15014).

pensez-vous de la zone de libre-échange ?» » L'Ambassadeur de Suisse s'empressa de lui indiquer que c'était justement une des questions qu'il souhaitait aborder. Conformément aux instructions qu'il avait reçues de Berne, il lui fit part des inquiétudes du Conseil fédéral « concernant les difficultés que rencontre une entente sur la zone de libre- échange » et les préoccupations que lui cause « la perspective de l'entrée en vigueur du Marché commun sans une forme de collaboration avec les pays de l'OECE ne faisant pas partie de la Communauté ». Il lui indiqua aussi « que la Suisse, qui achetait des six pays beaucoup plus qu'elle ne leur revendait, ne pouvait accepter que ses produits y soient l'objet d'une discrimination ». L'ambassadeur Micheli mit encore « en évidence les dangers d'une division de l'Europe en deux groupes : les pays du Marché commun et les autres, division qui compromettrait la coopération instituée au sein de l'OECE ».

L'ambassadeur note dans son rapport que ses arguments « se heurtaient à un mur. Le général De Gaulle m'a longuement répliqué que le projet de la zone de libre-échange, tel qu'il était conçu par la Grande-Bretagne, était inacceptable pour la France. Celle-ci ne pouvait admettre que les produits du Commonwealth aient libre accès sur le Marché commun. La Grande-Bretagne voulait tout avoir, et cela n'était pas possible. Pour la France ce ne sont pas les relations avec la Suisse qui soulèvent des difficultés, mais celles avec l'Angleterre. Avec la Suisse une entente devait pouvoir se faire. » C'est peine perdue que l'ambassadeur de Suisse tenta d'expliquer au chef du gouvernement français que « la zone de libre-échange n'était pas seulement une question qui intéressait l'Angleterre, mais qu'elle intéressait également la Suisse et que celle-ci y attachait une grande importance ». En effet, De Gaulle conclut que « si, comme cela paraît probable, une entente n'a pu intervenir au sujet de la zone de libre-échange d'ici au 1er janvier [1959], date d'entrée en vigueur du Marché commun, la solution consisterait pour les six pays du Marché commun, à conclure ensemble des accords séparés avec les pays qui n'en font pas partie, tels que la Suisse, l'Autriche, les pays scandinaves, etc. ». L'ambassadeur de Suisse tenta de rétorquer que de « tels accords signifieraient un retour au bilatéralisme d'avant-guerre, avec tous ses inconvénients », mais la position de De Gaulle semblait bien arrêtée. En effet, quelques jours plus tard, le 14 novembre, la France mit un terme à la négociation sur la grande zone de libreéchange⁶. Mais ce faisant, De Gaulle, élu président de la République le 21 décembre 1958, entré à l'Élysée le 8 janvier 1959, ne tourna pas le dos à la politique d'intégration européenne comme les pro-européens le supposaient ; dans sa première rencontre avec le chef du gouvernement de la République fédérale d'Allemagne, Adenauer, il confia à ce dernier sa détermination à développer une politique d'union européenne. Le problème demeurait néanmoins : quelle politique ?

On sait que l'échec de la grande zone de libre-échange conduisit rapidement les non-Six à se lier entre eux dans une Association européenne de libre-échange par une convention signée à Stockholm, le 4 janvier 1960, incluant la Grande-Bretagne, l'Autriche, le Danemark, la Norvège, le Portugal, la Suède et la Suisse. L'OECE qui a perdu sa raison d'être avec la mise en place d'une communauté économique européenne et de l'AELE a été transformée en une organisation plus universelle de coopération et de développement économique (OCDE), le 14 décembre 1960. C'est d'ailleurs au sujet des enjeux discutés d'abord au sein de l'OECE, puis de l'OCDE, que les dirigeants suisses ont la possibilité d'entrer en contact avec les dirigeants français, notamment lors de leurs séjours à Paris. Ainsi le chef de la diplomatie suisse, Max Petitpierre, rencontre le président De Gaulle le 22 juillet 1960 ; d'entrée de jeu, Petitpierre lui fait « observer que la Suisse n'est nullement hostile au Marché commun. Mais celui-ci, poursuit-il, tend vers la supranationalité et il a un caractère politique. Aussi la Suisse doit-elle se tenir à l'écart de cette organisation. Elle souhaite toutefois qu'une entente soit trouvée entre le Marché commun et l'Association de libre-échange, car elle déplore la division économique actuelle de l'Europe⁷ ».

La suite du compte-rendu rapporte les propos du Président français, qui ne peuvent que rassurer son interlocuteur suisse en ce qui concerne sa politique européenne :

« Le général De Gaulle déclare que la France ne veut pas que le

---

⁶ Finalement, c'est la formule d'accords bilatéraux qui a été adoptée dès janvier 1959 pour aboutir dans le cas des relations commerciales franco-suisses à un accord le 18 avril 1959, réglementant de nouveaux contingents dans plusieurs secteurs de produits échangés, sans pour autant supprimer la discrimination tarifaire, *cf. DDS*, vol. 21, n° 41 (DoDiS-15117) et DoDiS-15118.

⁷ Pour le compte rendu de l'entretien, *cf. DDS*, vol. 21, n° 88 (DoDiS-15120).

Marché commun devienne une organisation supranationale. Ses idées à ce sujet sont connues. Le Marché commun ne va donc certainement pas dans cette direction. S'il avait tendance à y aller, la France saura s'y opposer. Le général De Gaulle reconnaît que le Marché commun a des buts politiques. L'un est de lier solidement l'Allemagne et la France. L'autre est de combler une lacune. Il n'y a pas à l'heure présente à proprement parler d'organisation politique occidentale valable. L'ONU n'est qu'une foire et le deviendra de plus en plus. [...] L'OTAN est en réalité une organisation américaine. Aussi la France prend-elle le large. Que reste-t-il donc ? Le Marché commun. Le général De Gaulle élude la question des relations entre les Six et les Sept. Sans insister, il déclare que les rapports entre le Marché commun et les pays tiers devraient se régler par des accords bilatéraux. »

Après avoir parlé de la visite de Khrouchtchev qui a insisté sur le danger allemand, puis de l'Afrique qu'il a décolonisée, puis du conflit algérien où il s'en tient au principe d'autodétermination, il interroge Petitpierre sur les problèmes suisses et lui demande « ce qu'il pense de l'Allemagne et de l'Italie ». Petitpierre se contente de signaler « l'effort de l'Allemagne envers les pays sous-développés », ce qui lui amène la réplique de De Gaulle : « Il s'agit moins d'une aide que d'une recherche de nouveaux marchés[8] ».

À vrai dire, dans la mesure où la Suisse souhaite, de même d'ailleurs qu'un partenaire aussi décisif que l'Allemagne, une entente entre la CEE et l'AELE, les diplomates suisses ont de la peine « à comprendre pourquoi la France se refusait à l'examiner[9] ». Chaque fois que la Suisse a essayé d'aborder le sujet, elle s'est heurtée à l'attitude négative de la France, alors que ses dirigeants ainsi que l'opinion publique ne tarissent pas d'éloges sur la position particulière de la Suisse et de sa neutralité. Par ailleurs, les autorités françaises ont été très reconnaissantes au gouvernement fédéral pour avoir facilité les pourparlers franco-algériens, dont plusieurs épisodes se déroulent en Suisse dès 1960 avant d'aboutir aux accords d'Évian en mars 1962[10].

---

[8] *Ibid.*, p. 190.
[9] *Cf.* Rapport sur les relations franco-suisses au cours de l'année 1960, *DDS*, vol. 21, n° 118.
[10] En plus des documents dans les volumes 21 et 22 des *DDS* et dans www.dodis.ch, *cf.*

À nouveau, lors d'un entretien entre le Président français et le successeur de Petitpierre à la tête de la diplomatie suisse, le conseiller fédéral Wahlen, en date du 17 novembre 1961, la question européenne et la position de l'Allemagne est au centre du propos, notamment à la suite de la demande britannique formulée en août 1961 d'entrer en négociation en vue d'une adhésion à la CEE, à la surprise de tous ses partenaires[11]. De Gaulle admet d'entrée de jeu que si les relations entre les deux pays sont toujours amicales, subsistent néanmoins « quelques divergences dans le domaine économique ». Wahlen convient que les difficultés se trouvent surtout dans la conception des relations multilatérales et notamment de l'intégration européenne. Pour sa part le Président français insiste sur l'importance essentielle que revêt l'intégration européenne en vue de régler les relations entre l'Allemagne et la France : il aimerait connaître le point de vue de la Suisse sur la situation allemande. Wahlen lui répond que la situation de crise à Berlin pourrait se répercuter dans la RFA et qu'il faut éviter par tous les moyens ce processus destructeur. De Gaulle répond qu'il pense la même chose et il regrette l'affaiblissement du chancelier Adenauer à la suite des élections qui viennent d'avoir lieu. D'où l'importance à ses yeux d'un renforcement de l'Ouest et notamment de l'intégration européenne. Wahlen reconnaît que la Suisse ne peut que souhaiter un renforcement de l'Europe occidentale, mais qu'elle ne peut pas y prendre pleinement sa part, car la Suisse tient à sa neutralité et que son armée est en train d'être réorganisée dans le but de démontrer sa détermination à sauvegarder son ordre interne, sa démocratie directe.

Sans commenter les propos de son interlocuteur helvétique, De Gaulle exprime la reconnaissance de la France pour les bons offices que fournit la Suisse dans le règlement du conflit algérien. Ce qui lui permet de signaler sa compréhension pour la neutralité suisse qu'il approuve, que pour sa part il comprend le désir de la Suisse d'arriver à un accommodement avec la Communauté européenne, mais que même si cela sera difficile, conclut-il, ce n'est pas la France qui y mettra des difficultés.

Olivier LONG, *Le dossier secret des Accords d'Évian. Une mission pour la paix en Algérie*, Lausanne, Éditions 24 heures, 1988 et Marc PERRENOUD, *La Suisse et les Accords d'Évian*, *Politorbis*, Revue trimestrielle de politique étrangère, Berne, DFAE, 2/2002.
[11] Pour le compte-rendu de l'entretien, *cf.* DDS, vol. 22, n° 26 (DoDiS-30270).

À vrai dire, la question européenne est au centre des préoccupations du Conseil fédéral tout au long de l'année 1961 et 1962. Mais la demande d'adhésion de la Grande-Bretagne en août 1961 attise le débat aussi bien entre les Six qu'au sein de l'AELE. À l'instar de ses partenaires, la Suisse étudie de très près une formule d'association qui est adressée à la Commission européenne, le 15 décembre 1961[12]. Dans le cadre de cette démarche où l'on escompte un soutien allemand, le gouvernement suisse attache une grande importance d'une part à éviter toute friction avec le grand partenaire de l'Ouest sur le plan des relations internationales et à lui procurer les services susceptibles de l'intéresser dans le règlement du conflit algérien, et d'autre part à bien connaître les objectifs français en matière d'intégration européenne. En effet, dès le début de l'année 1962, on fait état de projets français ambitieux concernant l'organisation de l'Europe. Le nouveau représentant de la Suisse à Paris, reçu le 1er mars 1962, peut s'informer au plus haut niveau des réflexions et des propositions du président De Gaulle. Il y est essentiellement question de la crise de Berlin, de ses conséquences et surtout de l'union européenne. « Les Anglais ne pourront entrer dans le système que s'ils y entrent comme les Six l'entendent, et non pas comme l'entendent les Anglais[13]. » De Gaulle s'exprime de façon ouverte à propos de la crise de Berlin, parlant de « l'agressivité de l'Est vis-à-vis de l'Ouest » et sur la nécessité de l'Occident, dont la France en particulier, d'y résister. Après avoir analysé la position des Allemands qui, par leur intégration dans l'Europe des Six, en viendront à oublier les territoires perdus à l'Est, il insiste sur l'importance du projet d'Union politique – dit plan Fouchet – qu'il vient de lancer : « Le projet d'union d'États doit être une réalité puisqu'elle doit comporter aussi des réunions des ministres des Affaires étrangères, de la Défense, de l'Éducation. » – « La coopération doit aller très loin entre les Six. La jeunesse européenne sent cette affinité, que la diversité des langues européennes n'empêche pas de s'affirmer de plus en plus. C'est pourquoi nous allons, à long terme, vers une Confédération, c'est-à-dire un Conseil de gouvernements qui s'entendent entre eux sur tous

---

[12] Pour le texte de la lettre adressée par Wahlen au Président du Conseil des ministres de la CEE, L. ERHARD, cf. *DDS*, vol. 22, n° 34 (DoDiS-30143).

[13] Pour le compte-rendu de l'entretien, cf. *DDS*, vol. 22, n° 53 (DoDiS-30285) et pour un rapport détaillé DoDiS-30280.

les problèmes communs sans en exclure aucun. » Commentant ensuite les objections des Pays-Bas et de la Belgique à son projet et la position particulière de l'Angleterre avec laquelle les négociations en vue d'une adhésion se poursuivent depuis l'été 1961, le Président français répond à une question de l'ambassadeur suisse, A. Soldati, sur la possibilité pour la Suisse de concilier son désir d'intégration économique avec cette Europe et le maintien de son statut particulier : « La neutralité suisse, au cours du 19e et du 20e siècles, n'a jamais fait de tort à personne, et elle a rendu service à quelques-uns, dont la France. Il n'est pas question pour nous de poser des questions sur le statut. – Une autre question est de savoir si, dans le monde actuel, on peut encore prévoir que dans un conflit futur, votre pays resterait en dehors de la guerre, et donc s'il ne devrait pas s'organiser en conséquence en temps de paix. » Soldati tient à faire remarquer que le gouvernement suisse, conscient des dangers nouveaux, prend des mesures de défense active pour parer à toute éventualité. Cette indication ne convainc pas le Général qui n'en pense pas moins que « votre pays n'envisage un rôle actif que pour le cas où il serait directement attaqué, alors que la situation en Europe permet d'escompter cette mise en cause certaine de votre système en cas de conflit avant même qu'elle ne se produise. Mais vous avez choisi votre attitude, c'est vous que cela regarde et pas moi », conclut de Gaulle qui expose sa conception de la « Défense de l'Europe ».

À vrai dire, les arguments gaullistes en faveur d'une Europe des États ne sont pas pour déplaire à Berne, car ces propositions françaises éloignent le mouvement d'intégration européenne du projet supranational que prônent les partisans d'une Europe fédérale. Aussi lorsque de Gaulle met un terme à la négociation en vue d'une adhésion de la Grande-Bretagne en janvier 1963 et *ipso facto* à la perspective d'une négociation en vue d'une association des Neutres qui avait été demandée en décembre 1961 et présentée formellement en septembre 1962, le Conseil fédéral estime, dans une séance du 18 janvier 1963, qu'il est inutile de commenter la décision du Président français et ceci d'autant moins que « De Gaulle est très favorable à la Suisse. C'est une raison de plus pour ne pas exprimer des critiques[14] ».

---

[14] Pour le texte complet de la délibération du Conseil fédéral à la suite des déclarations du général De Gaulle, *cf. DDS*, vol. 22, n° 125 (DoDiS-30308).

Ce qui préoccupe les autorités à Berne, qui estiment sage de ne pas faire de commentaire sur la décision de de Gaulle de rejeter l'Angleterre dans sa tentative d'adhérer à la CE, c'est la position que prendra l'Allemagne : « Si Adenauer ne suit pas de Gaulle, la France sera isolée. S'il le suit, le profil politique France/Allemagne s'accentuera. » On sait qu'Adenauer céda aux arguments du Président français dont il avait apprécié le soutien tout au long de la crise de Berlin et qui l'avait préparé à former une entente franco-allemande renforcée. En effet, une semaine après la conférence de presse du 14 janvier 1963, c'est le traité franco-allemand de coopération qui est signé à l'Élysée, le 22 janvier. Certes, à Berne, on est bien informé qu'en Allemagne, de larges milieux « européens » sont particulièrement remontés contre le général De Gaulle à la suite du rejet de la négociation avec l'Angleterre et se montrent critiques envers l'alignement du chancelier Adenauer sur la politique menée par l'Élysée.

En France même, les partisans de l'Europe fédérale opposés à une Europe des États sont nombreux eux aussi ; on est aussi conscient à Berne ainsi que dans les capitales des petits États membres du Marché commun et chez les Neutres qu'un pôle franco-allemand fort peut représenter un danger pour leur marge de manœuvre dans la politique européenne.

Dans le projet gaulliste d'établir un troisième pôle de puissance dans le monde face à Moscou et Washington, la position de l'Allemagne est déterminante. Les négociations entre les Américains, les Britanniques et les Soviétiques qui ont conduit à l'accord tripartite signé à Moscou, le 22 juillet 1963, sur l'arrêt partiel des essais nucléaires sont appelées à se poursuivre dans le but d'aboutir à un pacte de non-agression et à une solution pacifique de la question allemande. Pour l'Allemagne il n'est pas question de se voir imposer des solutions, comme la reconnaissance de la division en deux États ; ils veulent avoir leur mot à dire sur leur sort, notamment sur le projet d'une zone partiellement dénucléarisée sur les deux côtés de l'Elbe. Cette perspective, comme le confie le ministre français des Affaires étrangères, Couve de Murville, à l'ambassadeur de Suisse à Paris, dans un entretien du 26 juillet 1963[15], place « d'abord les Allemands dans une situation difficile. Leur sort, leur avenir, leur

---

[15] *DDS*, vol. 22, n° 162 (DoDiS-30326).

sécurité sont engagés dans cette affaire ». – « Que vont-ils faire, poursuit le ministre, compte tenu de leur désir de ne pas déplaire à l'Amérique, dans laquelle ils voient leur meilleur gage de sécurité et de défense ? Elle heurte désormais ouvertement les principes sacro-saints de la politique allemande. Le Chancelier Adenauer quittera le pouvoir le 8 octobre ; que se passera-t-il ensuite ? – Nous nous opposons à cette ligne de négociations. Nous défendons ainsi leurs vrais intérêts. L'Allemagne est une puissance économiquement et militairement toujours plus importante, qui est pour tout le monde un point d'interrogation. Nous essayons de la contrôler, de l'entourer politiquement par le Marché commun et par la coopération politique des Six. C'est la meilleure manière d'exercer sur elle une sorte de tutelle amicale dans l'intérêt général. Cette troisième force que nous préparons, est le meilleur moyen d'aider et de surveiller l'Allemagne, dans l'intérêt général et dans le sien. Il sera intéressant de voir désormais quelle voie choisiront les Allemands entre les solutions américaines, dures à avaler pour eux, et la ligne de résistance à la Russie et d'intégration dans l'Europe, que nous leur offrons[16]. »

On sait que les successeurs d'Adenauer devront jouer au plus fin pour ne pas être trop soumis à « l'amicale tutelle française », sans pour autant mettre en péril la coopération franco-allemande.

Certains épisodes de la politique d'intégration européenne menée au sein de la CE justifieront une attitude de distance de la part des autorités suisses, assistant avec inquiétude à la politique française de la chaise vide en 1965, puis à un nouveau veto de De Gaulle, le 17 novembre 1967, aux nouvelles demandes de négociation en vue d'une adhésion présentées par la Grande-Bretagne, l'Irlande et le Danemark, le 11 mai 1967.

Ce n'est qu'après le départ du général De Gaulle, en 1969, qu'un nouvel élargissement du Marché commun sera relancé avec l'accord du président Georges Pompidou qui n'avait pas caché ses différences, notamment au sujet de l'intégration européenne. La négociation aboutit finalement à l'adhésion au Marché commun, le 22 janvier 1972, de l'Angleterre, de l'Irlande, du Danemark et de la Norvège (celle-ci finalement a renoncé). L'AELE se trouva ainsi réduite à un

---

[16] *Ibid.*, p. 364-365.

petit espace, mais chacun de ses membres – dont la Suisse – réussit à négocier un accord de libre-échange, signé le 22 juillet 1972.

Durant toute cette période qui connaît bien des incertitudes au sujet de la nature et du rythme de l'intégration européenne, le gouvernement suisse, qui pouvait compter sur des appuis solides en Allemagne en ce qui concerne ses objectifs de doter l'Europe d'un système de libre-échange, ne pouvait pas en faire état par rapport aux projets français, notamment sous l'impulsion de De Gaulle, partisan d'une Europe forte, fondée sur une entente franco-allemande dont l'impulsion demeurait à l'Élysée. À Berne, il n'a jamais été question de jouer l'un des partenaires contre l'autre. Ce jeu-là était trop risqué et sans aucun doute aurait été contre-productif. L'objectif constamment entretenu était de se tenir à équidistance aussi bien de Paris que de Bonn, car l'un et l'autre sont des partenaires de premier plan dont il convient de sauvegarder la bienveillance. Si avec la France les relations économiques font constamment l'objet de négociations parfois ardues que ce soit sur les échanges commerciaux ou les questions fiscales, avec la RFA les échanges commerciaux suivent le rythme de la croissance de ce qui est redevenue une des grandes puissances économiques du monde. Or, durant cette période, nous n'assistons pas à une quelconque concertation franco-allemande en ce qui concerne certains aspects réglementaires des échanges respectifs avec la Suisse ; en revanche, Berne apprend qu'au moment où des négociations sont engagées avec la France et d'autres États en vue d'établir de nouvelles conventions de double-imposition, un échange d'informations a eu lieu entre experts allemands et français ; en effet de sérieuses récriminations sont avancées de part et d'autre au sujet de milliers de sociétés allemandes et françaises attirées depuis quelques années par les avantages fiscaux qu'offre la Suisse[17]. Pour Berne, il est urgent de déterminer une politique cohérente « sur les problèmes actuels qui se posent à la Suisse dans ses relations fiscales avec l'étranger[18] ». Certes, les dirigeants suisses donnaient leur préférence à des négociations menées dans la discrétion d'autant plus qu'en matière de fiscalité les cas sont très disparates. Ainsi même la France veut se montrer arrangeante dans ce domaine. Ce

---

[17] *DDS*, vol. 23, n° 177 (DoDis-31445).
[18] *Ibid.*, p. 426.

qui importe au gouvernement français au milieu des années soixante, c'est de connaître l'origine des investissements étrangers en France : « Nous ne voulons pas que des sociétés américaines puissent acquérir des participations dans des sociétés françaises sans que nous le sachions, en passant par l'intermédiaire de sociétés suisses[19] ». Selon, Michel Poniatowski, haut responsable français, « ce n'est pas aux privés que nous en voulons, mais aux sociétés. Les fraudes fiscales que commettent les ressortissants français sont pour nous une préoccupation secondaire. Si des ressortissants français réinvestissent leur argent en France par l'intermédiaire de sociétés suisses, cela ne nous gêne pas beaucoup. L'important est que les capitaux français reviennent en France ». Pour l'Allemagne, il s'agit avant tout de récupérer non seulement les intérêts, mais aussi les revenus de licence des sociétés allemandes dont le siège est en Suisse et d'y inclure les revenus des sociétés suisses dont l'essentiel des activités s'effectuent en Allemagne[20]. À Berne, on évalue les répercussions d'une ratification prématurée de la convention de double imposition signée avec la France, le 9 septembre 1966, sur les négociations avec la RFA dont l'issue se poursuivront en plusieurs étapes jusqu'à l'accord de décembre 1966.

Au-delà de certains intérêts et contentieux spécifiques dans les relations entre la Suisse et ses deux voisines dont les solutions peuvent être différentes, il convient de souligner que toute mésentente franco-allemande que ce soit en matière d'intégration européenne ou de politique internationale est très préoccupante pour les dirigeants suisses ; il n'est pas question pour eux d'opter plus pour l'un que pour l'autre des deux voisins. Ainsi vers la fin de la décennie, avec l'arrivée à la Chancellerie allemande du socialiste Willy Brandt, d'autres facteurs de tension entre Paris et Bonn surgirent au sujet de l'*Ostpolitik* engagée par le nouveau chancelier. Pour Berne, ce fut aussi de nouvelles préoccupations même si le gouvernement fédéral suisse pourra enfin se décider à la reconnaissance de la République démocratique allemande, en 1972, sans froisser son grand voisin du Nord[21]. À vrai dire, le

---

[19] *DDS*, vol. 23, n° 125 (DoDiS-31831).
[20] *Ibid.*, p. 413- 422.
[21] Therese Steffen GERBER, *Das Kreuz mit Hammer, Zirkel, Aehrenkreuz. Die Beziehungen zwischen der Schweiz und der Deutschen Democrakratischen Republik 1949-1972*, Berlin, Berlin-Verlag Spitz, 2002.

défi permanent de la diplomatie suisse par rapport à ses deux plus importants partenaires consiste à maintenir une équidistance par-delà les préférences occasionnelles pour les positions respectives de Bonn ou de Paris que ce soit dans la politique mondiale, l'intégration européenne ou encore dans l'organisation des échanges économiques.

Antoine Fleury

Le couple franco-allemand vu par la Belgique : de l'échec du plan Fouchet au premier élargissement (1962-1973)

Les années 1960 sont marquées par une série de crises qui affectent le processus d'intégration européenne : échec du plan Fouchet, crise de la chaise vide, vetos français à l'adhésion britannique à la CEE, pour ne pas parler de l'ambiance funèbre qui règne au sommet de Rome de 1967. Dans le même temps, la crise survenue au sein de l'OTAN en 1966, ou celle de l'UEO de 1968-1970, contribuent à alourdir l'ambiance qui règne entre les six pays membres de la CEE ou entre la France et le Royaume-Uni.

Durant ces années, deux pays d'Europe se trouvent au cœur des préoccupations de la diplomatie belge : la France et l'Allemagne. La France parce qu'elle freine le processus d'intégration européenne, l'Allemagne car elle jouit d'une puissance économique remarquable, devenant très grande pour une Europe devenue étroite pour elle, et que d'aucuns craignent qu'elle ne se tourne vers l'Est.

À la fin de la décennie, la diplomatie belge se réjouira par contre des résultats du sommet de La Haye. Même si la Belgique n'est pas acquise à l'idée des « Sommets », elle se réjouira particulièrement de la relance obtenue et de la perspective du premier élargissement

Le plan Fouchet

Une première source de friction avec la France porte sur l'initiative d'institutionnalisation de la coopération politique entre les Six. Du nom de l'ambassadeur de France au Danemark, Christian Fouchet, chargé de conduire les négociations relatives à ce projet cher au président De Gaulle, le plan Fouchet est présenté aux partenaires européens en février 1961, soit peu avant l'ouverture des négociations portant sur l'adhésion du Royaume-Uni à la CEE. Soucieux de constituer une Europe unie politiquement – au sein de laquelle la France jouerait un rôle prédominant – entre les deux grands blocs que sont les États-Unis et la Russie, le président français propose une coopération politique entre les Six selon un modèle confédéral qui s'oppose à la formule supranationale. Pour le Général, il s'agit par la même occasion de se défaire quelque peu de l'hégémonie américaine et anglo-saxonne sur le Vieux Continent. Divers projets se succèdent. Contrairement à la vision française, Spaak et son homologue néerlandais Joseph Luns estiment que la défense européenne doit viser à renforcer l'OTAN, et s'inscrire dans le cadre des activités de l'Alliance[1]. Dans la version du 4 décembre 1961, à la demande des Belges et des Néerlandais, le lien entre la politique commune de défense et la collaboration à établir au sein de l'OTAN est reconnu, alors que des éléments « communautaires » se trouvent introduits. Mais le 18 janvier 1962, Fouchet communique aux membres de la Commission intergouvernementale une nouvelle version de son plan dans laquelle aucune des concessions attendues ne figure, ce qui conduit progressivement la Belgique et les Pays-Bas à la rupture[2]. L'entrevue du 4 avril 1962, entre De Gaulle et Amnitore Fanfani, alors président du Conseil italien, avait certes permis aux deux hommes de s'accorder sur une formule de compromis mentionnant les rapports de l'Europe avec l'OTAN, ainsi que sur les autres questions litigieuses, telles les compétences économiques de l'union. Mais la réunion qui se tient le 17 avril 1962 à Paris entre les ministres des Affaires étrangères des Six constate l'échec définitif de cette tentative d'union politique. Le refus le plus net du texte de compromis émane des Belges et des Hollandais, par la conjugaison des voix de Spaak et Luns, le premier ralliant finalement son homologue hollandais, qui adopte l'attitude la plus tranchée. Les deux ministres déclarent ne pouvoir signer ce document que lorsque le Royaume-Uni fera effectivement partie de l'Europe. Or, la France ne veut accepter un tel élargissement, ni donner aucune garantie quant aux développements ultérieurs de la coopération politique dans un sens plus intégrationniste, comme le

---

[1] Marie-Thérèse BITSCH, *Histoire de la construction européenne,* Bruxelles, Complexe, 1996, p. 140.
[2] Yves STELANDRE, « Les pays du Benelux, l'Europe politique et les négociations Fouchet (26 juin 1959-17 avril 1962) », *Journal of european Integration History*, t. II, n° 2, 1996, p. 21-38 ; Charles ZORGBIBE, *Histoire de la construction européenne*, Paris, PUF, 1993, p. 54.

voulaient ses partenaires et en particulier les Hollandais et les Belges[3]. Dans ses mémoires, Spaak rapporte qu'il lui est arrivé d'hésiter sur le bien-fondé de sa décision, même si en définitive il pensait avoir bien agi[4]. C'est que la position belge de l'époque peut paraître paradoxale. On sait que la Belgique défendait à la fois l'idée de supranationalité et l'entrée du Royaume-Uni. La peur de perdre toute influence au sein de la CEE a toujours habité les petits pays, qui savent que renforcer le caractère supranational des Communautés relève à ce moment du doux rêve, alors que les pays du Benelux considéraient désormais que la supranationalité les protège des vues hégémoniques des grands, et notamment d'un directoire franco-allemand. C'est donc pour une bonne part la crainte du rejet conjoint de ces deux éléments (supranationalité et présence du Royaume-Uni) qui avaient conduit la Belgique et les Pays-Bas à refuser le plan Fouchet, puisque, dans le cas présent, l'entrée du Royaume-Uni pouvait être de nature à contrebalancer le risque d'hégémonie franco-allemande.

Après l'échec du plan Fouchet, les nuages s'amoncellent aux yeux des partisans de l'intégration européenne. Les liens entre le Belge Spaak et le Français De Gaulle seront dès lors difficiles. Dans une lettre privée, Spaak qualifie même le président français de « Babouin[5] ».

Face à la crise de la chaise vide

Une seconde source de tensions entre la France et la Belgique est due à la crise de 1965-1966 au sein de la CEE. C'est qu'à partir du 30 juin 1965 et jusqu'au 11 mai 1966, la France pratique la politique dite « de la chaise vide » au sein du Conseil des ministres et du Comité des représentants permanents de la CEE. Le désaccord fait suite aux propositions émises par la Commission, le 31 mars 1965, quant au financement de la politique agricole commune, c'est-à-dire la création de ressources financières propres à la CEE, et à l'élargissement des

---

[3] Maurice VAÏSSE, *La grandeur. Politique étrangère du général De Gaulle 1958-1969*, Paris, Fayard, 1998, p. 186 ; Michel DUMOULIN, *Spaak*, Bruxelles, Racine, 1999, p. 633-653.
[4] Paul-Henri SPAAK, *Combats inachevés, De l'espoir aux déceptions*, vol. 2, Paris, Fayard, 1969, p. 371.
[5] Spaak à Simonne Dear, 25 janvier 1964, cité dans DUMOULIN, *op. cit.*

compétences du Parlement européen. Une autre raison de l'attitude française réside dans la volonté du général De Gaulle de freiner l'évolution de la Communauté vers plus de supranationalité, vu qu'à partir du 1er janvier 1966 – soit le début de la troisième étape de la période transitoire –, de nombreuses décisions doivent être prises par le Conseil, non plus à l'unanimité mais à la majorité. Ce n'était toutefois pas le cas pour les décisions concernant l'adhésion de nouveaux membres, certaines questions délicates (harmonisation des législations, politique de conjoncture, …) ou encore des actions non prévues par le traité[6]. La France souhaite donc avoir la possibilité de bloquer toute décision avant de parvenir à un consensus unanime, ce qui est contraire à la lettre du traité. En clair, De Gaulle veut une renégociation du traité de Rome. Le 17 septembre 1965, Spaak explique au Conseil des ministres de Belgique que le traité de Rome a été conclu pour une durée indéterminée et qu'il n'a pas prévu l'éventualité de l'abstention permanente d'un partenaire. Dans l'intervalle, il cherche, non sans inquiéter Jean Monnet, une solution de compromis, n'ayant pas perdu tout espoir que De Gaulle ne se représente pas à l'occasion de l'élection présidentielle du mois de décembre. Ainsi, dès le 16 septembre 1965, le Premier ministre belge, Pierre Harmel, explique à son homologue néerlandais, Jozeph Cals, après s'être concerté avec Spaak, que la Belgique pourrait comprendre que s'il n'est pas possible de revenir à un système d'unanimité, on ne prendra pourtant jamais une décision sans le consentement d'un pays chaque fois qu'il s'agit d'une question vitale pour lui. Or, cette notion « d'intérêt vital » sera précisément au cœur du compromis de Luxembourg de janvier 1966, auquel Paul-Henri Spaak a grandement contribué, non sans essuyer quelques critiques dans les milieux les plus en flèche sur le terrain de la supranationalité. C'est que même si le « compromis de Luxembourg », actant « l'accord sur le désaccord », permet à la France de réintégrer les réunions du Conseil et du COREPER, le processus d'intégration s'en trouve ralenti. Restait aussi le problème de savoir *qui* détermine l'existence d'un intérêt vital d'un État membre.

On notera en outre qu'au même moment, les vues françaises relatives au Parlement européen ne plaisent pas non plus aux européistes belges. Pour le gouvernement français, tant qu'il n'y aura pas une véritable

---

[6] Bitsch, *op. cit.*, p. 161.

Europe avec un exécutif européen, il ne saurait y avoir de Parlement européen ayant des pouvoirs délibérants. Jean Duvieusart, l'ancien Premier ministre belge qui était alors président du Parlement européen, a « combattu » cette position auprès du général De Gaulle en lui déclarant en mars 1965 que « s'il n'y a pas de gouvernement européen, il y a cependant quelque chose qui dirige, et ce quelque chose, c'est le dialogue entre le Conseil des ministres et la Commission européenne ». Dès lors, d'après lui, l'attitude de la France « ne doit pas nous empêcher d'établir un contrôle parlementaire de ce colloque[7] ».

Le veto français à l'adhésion du Royaume-Uni

En mars 1966, Pierre Harmel succède à Paul-Henri Spaak à la tête de la diplomatie belge. En matière d'intégration européenne, les prises de position du président français l'inquiètent autant que son prédécesseur. Le 25 novembre 1966, il rencontre De Gaulle à l'Élysée, à son initiative. Il lui déclare que la France procède d'une façon négative vis-à-vis de l'Alliance atlantique et de la Communauté européenne. Il lui demande ce qui se passerait si l'Allemagne devait suivre son exemple, elle qui est déjà la plus puissante économiquement, et constitue un interlocuteur privilégié des États-Unis. Elle pourrait être tentée par l'indépendance vis-à-vis de ses alliés et ne plus attacher d'importance, ni à l'OTAN, ni à la CEE, au risque de sombrer une nouvelle fois dans le nationalisme. Le président lui répond que la France a les moyens d'empêcher ce qu'il redoute. Le ministre belge des Affaires étrangères sort de l'entretien tout sauf rassuré, attachant beaucoup de prix à l'adhésion britannique à la CEE[8]. Il n'est donc pas étonnant qu'à l'occasion de la visite de la reine d'Angleterre, les 9 et 10 mai 1966, qui marque la normalisation des relations entre les familles royales des deux pays, le roi Baudouin prononce un discours à la faveur duquel il forme des

---

[7] *Le Monde*, 12 mars 1965 ; Jean Duvieusart, *Souvenirs politiques*, tapuscrit inédit, p. 63-64.
[8] Côté français, voir archives du ministère des Affaires étrangères français (AMAEF), Europe-Belgique, 1966-1970, 2271, entretien de MM. Pompidou et Couve de Murville avec MM. Vanden Boeynants et Harmel, le 25 novembre 1966 à l'Hôtel Matignon, dans AMAEF, Secrétariat général, entretiens et messages, 1966, n° 393 ; côté belge, voir le rapport de la visite Vanden Boeynants-Harmel à Paris, le 25 novembre 1966, dans *Fondation Paul-Henri Spaak* (FPHS), n° 303/5723.

« vœux confiants que la Grande-Bretagne puisse se joindre à cet effort, et renforcer dans l'intérêt de tous la cohésion de l'Europe occidentale, l'Alliance défensive, et favoriser le désarmement pour sauvegarder la paix[9] », phrase qui renvoie aussi aux difficultés rencontrées au même moment au sein de l'OTAN, également du fait de la France, nous y reviendrons. Or, le 27 novembre 1967, De Gaulle donne le « coup de grâce » à la candidature britannique. Le conseil des ministres des Affaires étrangères de la CEE des 18 et 19 décembre 1967 ne peut se solder que par un désaccord sur le sujet. La France y fait savoir que contrairement à l'avis de la Commission – qui le 29 septembre s'était prononcée en faveur de l'élargissement –, elle estime que le processus d'assainissement de l'économie britannique doit être mené à son terme avant de reconsidérer la demande de la Grande-Bretagne.

Le sommet « funèbre » de Rome de 1967

À la veille du sommet de Rome de 1967, Harmel hésite quant à l'opportunité de s'y rendre[10], étant déçu non seulement par la France, mais aussi par les Allemands « qui n'ont pas encore étudié le dossier du 10e anniversaire à Rome[11] ». Pour la Belgique, l'Allemagne suit trop la France. Après un voyage effectué avec son ministre en février à Bonn, Étienne Davignon, le chef de cabinet d'Harmel, rapporte à l'ambassadeur des Pays-Bas que les Allemands « suivent trop aveuglément Paris » et que les « idées allemandes relatives à la réunion

---

[9] Texte du discours dans Public Record Office (PRO), FO 371/189097 ; voir aussi AMAEF, 2269, de Crouy-Chanel à Paris, Bruxelles, 14 mai 1966. De même, au Sénat, le 17 janvier 1967, Harmel déclare : « Il ne pourrait y avoir d'Europe sans la France. [...] Il ne pourrait non plus y avoir d'Europe sans la Grande-Bretagne. Nous ne pourrons pas préjuger à cet égard de sa volonté, mais nous devons dire avec force que le bien de l'Europe, l'équilibre européen, le progrès vers une Europe de la détente me paraissent imposer le concours de la Grande-Bretagne. » *Annales parlementaires, Sénat*, 17 janvier 1967, p. 415.
[10] Archives générales du Royaume (AGR), Papiers Harmel (PH), Rothschild à Harmel, Paris, 18 janvier 1967
[11] PRO, FCO 33/17, Barclay à FCO, 22 février 1967, sur la base d'un entretien avec Étienne Davignon ; ces propos sont confirmés par Franck Roberts de l'ambassade de Bonn (son télégramme à Londres du 21 février 1967, sur la base des propos de l'ambassadeur de Belgique à Bonn, *ibid.*).

de Rome valent 0+0[12] ». Davignon précise que Kurt-Georg Kiesinger suivait plus Paris que le ministre Brandt, et que le chancelier allemand ne veut « rien faire qui puisse être désagréable à De Gaulle[13] ». Certes, Harmel nourrit une grande admiration pour Willy Brandt. Interrogé au soir de sa vie sur les événements qui lui ont donné le plus de satisfaction dans sa vie politique, on s'attendrait à ce que Pierre Harmel cite un moment fort de sa vie de ministre, tel l'adoption du rapport qui porte son nom quant à l'avenir de l'OTAN. Mais l'ancien Premier ministre nomme en premier lieu, et ce à chaque fois qu'on lui pose la question, la réconciliation franco-allemande au lendemain de la Seconde guerre et la création de la CECA. Harmel aime aussi à citer le nom de Brandt, qu'il décrit comme un « homme politique puissant », « le plus marquant » parmi ses homologues européens entre 1966 et 1972, muni d'« une très forte personnalité », « qui a toujours été d'une grande fidélité à l'égard du Marché commun, et de l'OTAN », et avec lequel il s'entendait fort bien[14]. Harmel en retient avant tout le geste qu'il fit à Varsovie le 7 décembre 1970, où il était venu signer le traité germano-polonais. S'étant rendu devant le monument commémorant le martyre du ghetto, il s'avança, soudain seul, et se mit à genoux, symbolisant ainsi la condamnation des crimes et de l'antisémitisme de l'Allemagne hitlérienne, que Brandt avait lui-même fuie. Lorsque l'homme d'État allemand recevra le prix Nobel de la paix en 1971, Harmel lui écrira : « ce qui est honoré en votre personne, c'est le courage dans l'action pacificatrice[15] ». Mais cette estime pour l'homme n'enlève au rien au fait qu'Harmel s'inquiète de voir l'Allemagne devenir très puissante sur le plan économique au sein d'une CEE devenue trop étroite pour elle. Il trouve donc aussi que la diplomatie allemande suit trop aveuglément Paris en ces années de crise… L'ambassadeur britannique en poste à Bruxelles, Beith, relève en janvier 1971 que depuis la signature du traité germano-soviétique du 12 août 1970, Harmel se montre « un peu préoccupé, bien qu'il ait confiance en Brandt lui-même, par les

---

[12] Archives du ministère des Affaires étrangères des Pays-Bas, 2610, de Vos van Steenwijk à Luns, Bruxelles, 23 février 1967.
[13] *Ibid.*
[14] Entretien avec Pierre Harmel, 18 septembre 2001.
[15] AGR, PH, Harmel à Brandt, s.d.

pressions dont pourraient faire l'objet les Allemands », ce qui renforce encore son souhait de faire avancer les négociations d'adhésion[16].

La Belgique et l'échec de la relance de l'UEO

C'est dans ce contexte de crise, rendue encore plus intense par le second veto français à l'adhésion britannique en 1967, que la diplomatie belge entend prendre une initiative dans le but de relancer l'intégration européenne. Une première proposition concrète est soumise aux Six à la faveur d'un mémorandum présenté par le Benelux et qui est dû à une initiative belge. Le document final, qui est resté lettre morte, est présenté à l'issue de la réunion des ministres du Benelux du 15 janvier 1968. Il prône une coopération entre les Six et les pays candidats à l'adhésion dans les domaines prévus par les traités de Rome, mais aussi en matière de production et d'achat de matériel militaire, dans des domaines précis relevant de la technologie et des sciences, ou quant à l'aide à octroyer aux pays en voie de développement.

En octobre 1968, la diplomatie belge propose de favoriser les consultations régulières dans le cadre de l'UEO, dont fait partie la Grande-Bretagne, sur les questions relatives à la défense, à la monnaie, à la politique, ou à la technologie. La question de l'adhésion britannique en est bien le principal motif puisqu'aux yeux du ministre des Affaires étrangères, nous l'avons dit, l'Europe devient trop petite pour une Allemagne qui devient particulièrement puissante, et ce alors que la France vient encore de dévaluer le franc. Ce plan est d'ailleurs perçu à Paris comme une tentative de contourner le veto français.

Bref, pour la France, et particulièrement pour son président, le document belge est inacceptable car il conférerait au Royaume-Uni la possibilité de contrôler l'activité des Six dans ces domaines. De plus, en matière de politique étrangère et de défense, une concertation systématique est prévue par le document belge, ce qui suppose, estime la France, un minimum d'accord sur les orientations fondamentales permettant de dégager des lignes d'actions véritablement européennes, ce qui n'a déjà pas été possible à six. Le plan de relance de l'UEO échoue et conduit même à une crise de cette institution. Entre février 1969 et

---

[16] PRO, FCO 33/1290, Beith à secrétaire d'État, 1er janvier 1971.

avril 1970, la France pratique la politique de la chaise vide aux réunions ministérielles de l'Union de l'Europe occidentale. En toile de fond, la crise de l'UEO a aussi témoigné des tensions entre grands et petits pays. La diplomatie belge, qui n'a été suivie par personne à part l'Angleterre, a en effet pu mesurer toute la difficulté pour un petit pays à obtenir gain de cause lorsque les « grands » ne partagent pas ses intérêts.

La relance de La Haye et la question des « Sommets »

Dans l'intervalle, en décembre 1969, se tient, à l'instigation du président Georges Pompidou qui venait de succéder à De Gaulle, le sommet de La Haye destiné à mettre fin au blocage de la Communauté en favorisant l'achèvement de la Politique agricole commune (PAC) avant la fin de la période transitoire, le 1er janvier 1970, l'approfondissement par une union économique et monétaire et (moyennant cet achèvement et approfondissement) l'élargissement, notamment au Royaume-Uni. La Belgique, qui souhaite des avancées sur les trois thèmes de ce triptyque, ne se montre toutefois pas favorable à l'institutionnalisation de ce type de réunion, de peur que la France ne fasse obstruction, et prenne elle-même en main la politique européenne, ce qui constituerait un frein dans l'évolution vers une Europe plus communautaire. Mais ces réticences s'estomperont quelque peu au vu des résultats positifs enregistrés au sommet, qui conduit aussi à l'élaboration d'un projet de coordination politique, sous la présidence d'Étienne Davignon, qui venait de remplacer François-Xavier van der Straten-Waillet à la direction générale de la politique. Le « rapport Davignon », dû au comité des directeurs politiques, est adopté à Luxembourg en octobre 1970 et préconise essentiellement la consultation entre les ministres des Affaires étrangères chaque semestre et le comité des directeurs tous les trimestres. L'existence de cette concertation sera particulièrement précieuse au moment des discussions entre l'Est et l'Ouest dans le cadre de la Conférence pour la sécurité et la coopération en Europe (CSCE). Quant à la question de l'élargissement, la Belgique cherche essentiellement à trouver des compromis. C'est notamment elle qui a finalement proposé, sur le délicat problème du financement des politiques communes, une contribution britannique de 8,5 % pour la première année et 18,5 % pour la dernière, ce qui est très proche des 8,64 % et 18,92 % finalement retenus en juin 1971!

Il n'en demeure pas moins que tant que les négociations d'adhésion ne sont pas achevées, le ministère belge des Affaires étrangères continue à nourrir quelques craintes. Rencontrant Pompidou le 5 avril 1971 l'ambassadeur de Belgique à Paris, Robert Rothschild, fait part au président français des soucis de son ministre devant certaines difficultés relatives aux négociations, et rappelle la crainte que nourrit Harmel de voir l'Allemagne peser d'un trop grand poids en Europe, à la fois sur le plan politique et économique. Et ce souci sera d'autant plus grand lorsque Brandt ne sera plus aux affaires. « Un retour à l'hystérie hitlérienne n'est pas à redouter, précise Rothschild, mais on peut imaginer une Allemagne de type "Bismarckien" d'après 1870 », qui « pourrait se montrer encombrante ou chercher à s'entendre avec les USA[17] ». En ce sens, le soutien apporté par la Belgique au plan Werner témoigne certes de son souhait d'avoir plus d'Europe, mais elle y voit aussi l'avantage d'une Allemagne davantage ancrée à la CEE par ce biais, à l'instar des négociations qui auront lieu autour de la mise en place d'une union économique et monétaire au lendemain de la chute du Mur de Berlin.

La politique de détente

À côté de ces préoccupations européennes, la Belgique s'est aussi trouvée, dans les années 60, fort active sur le terrain de la politique de détente entre l'Est et l'Ouest. Lorsque Spaak retrouve le portefeuille des Affaires étrangères en 1961, il entend poursuivre, en matière de détente, la politique menée en tant que secrétaire général de l'OTAN, voire avant. Cette position n'est pas neuve. Elle s'inscrit en réalité dans la continuité des efforts déployés par l'ancien ministre des Affaires étrangères, Paul van Zeeland. C'est que face à des prises positions, appelant à la fermeté, et consécutives à l'éclatement du conflit coréen, Paul van Zeeland avait aussi déjà manifesté le souhait de créer un véritable dialogue avec le monde soviétique. Il écrivait dès le 3 décembre 1953: « La politique à mener est "dyptique" : il ne faut perdre aucune occasion de négocier tout en renforçant l'Occident[18] ». Bref, assurer la défense mais aussi

---

[17] AGR, PH, Rothschild à Harmel, Paris, 5 avril 1971.
[18] Pascal Déloge, « Paul van Zeeland et les questions de sécurité », in Geneviève

négocier, car toute course aux armements, lorsqu'elle est prolongée, finit par mener à la guerre, voilà qui annonce aussi ce qu'on appellera la doctrine Harmel. Mais entre-temps, les problèmes qui couvent du côté de l'OTAN vont éclater à peine quelques jours après l'arrivée de son successeur aux Affaires étrangères, Pierre Harmel.

Le 7 mars 1966, De Gaulle annonce au président américain Johnson la décision de la France de sortir de l'organisation militaire du temps de paix de l'Alliance atlantique, ce qui implique que l'Alliance trouve un nouveau siège pour le SHAPE. Comme ses prédécesseurs, Pierre Harmel, qui a succédé à Spaak à peine quelques semaines plus tôt, estime que les petits pays comme le sien ne doivent pas assister aux événements du monde en spectateur, mais doivent prendre leur responsabilité d'acteur à part entière. En 1969, il déclarera en ce sens au Sénat : « Il n'est pas dérisoire et inutile pour un pays de notre dimension de se mêler aux affaires du monde. Qui nous autoriserait à laisser aux plus grands États le souci de porter le poids de leur puissance ? Rien ne serait plus dangereux que de céder à cette tentation isolationniste quand nous portons la responsabilité partagée avec nos voisins, de réaliser l'Europe. On nous explique si souvent que la voix des États-Unis ou de l'URSS porte trop haut. Mais qui peut s'en plaindre quand la voix de l'Europe ne se fait pas entendre[19] ? » Ceci dit, le chef de la diplomatie belge sait que, seul, un petit pays n'obtiendra pas raison. Il a besoin de l'appui d'un « grand », et doit tenter de le convaincre qu'il partage avec lui des intérêts communs. C'est bien dans cette optique que le 20 mai 1966, Harmel, est reçu par le président Johnson à la Maison blanche. L'accueil qui est réservé au ministre belge est chaleureux. De son côté, Harmel redit le prix qu'il attache à l'OTAN, et précise qu'à son avis, la position française est caduque dans la mesure où une Alliance qui n'aurait pas d'efficacité d'ordre opérationnel est inutile. Il ajoute aussi que son gouvernement est prêt à accueillir le SHAPE sur son territoire, ce qui deviendra rapidement une réalité. Le 21 juin, la Chambre approuve la position du gouvernement social-chrétien-libéral, par 118 voix contre 61. Quatre élus socialistes s'abstiennent tandis que

---

Duchenne et Vincent Dujardin (dir.), *Paul van Zeeland et les questions politiques et économiques de son temps*, Louvain-la-Neuve, Institut d'études européennes, 2001, p. 88.
[19] APS, 15 janvier 1969.

Spaak et Spinoy votent aussi favorablement. Avec comme conséquence que le 27 juillet, Spaak, qui se trouve en désaccord avec son parti sur ce dossier, adresse sa lettre de démission de député au président de la Chambre Achille Van Acker.

Du reste, il importe avant tout de mener une opération qui vise à limiter les dégâts et à saisir l'opportunité pour favoriser la détente. Concrètement, la diplomatie belge suggère de mener un exercice de réflexion relatif aux futures tâches de l'Alliance. La réalisation de cet exercice est loin d'être évidente. C'est que plusieurs capitales marquent peu d'enthousiasme. Certes Washington soutient la proposition. Mais les Britanniques craignent que l'initiative du ministre belge ne contribue à compliquer les relations avec la France. Quant à Joseph Luns, le ministre néerlandais des Affaires étrangères, il explique en privé qu'il éprouve des difficultés à comprendre ce que les Belges veulent exactement, et qu'ils sont, d'autre part, biens naïfs de croire que Paris accepterait de jouer le jeu. Fanfani, le ministre italien des Affaires étrangères n'est, pour sa part, pas très enthousiaste non plus. Quant à Manlio Brosio, le secrétaire général de l'OTAN, il parle dans son journal personnel, de « rêve Harmel » au lieu de l'« exercice Harmel », et note qu'il s'agit d'une « illusion ». Au moment-même où l'initiative belge est discutée au Conseil atlantique le 15 décembre, il note encore : « Cette proposition est un casse-tête. Elle veut sauver l'Alliance de la crise mais, en fait, elle va uniquement la détruire[20] ». Même Bonn, qui se montre à certains égards plus ouvert, émet certaines réserves, et s'interroge sur l'efficacité de l'opération. Au-delà, depuis le mois de juillet, soit au moment où Harmel avait nommé l'ambassadeur de Belgique à Vienne, Louis Colot, comme « ambassadeur itinérant pour les problèmes de la paix », certaines capitales soupçonnent le ministre belge de vouloir s'intéresser à l'Est pour des motifs de politique intérieure, à savoir pour calmer les opposants à l'implantation du SHAPE en Belgique, qui deviendrait une cible privilégiée en cas d'attaque soviétique. En réalité comment imaginer que les 14, et les Français en particulier, acceptent un tel exercice s'il n'était destiné qu'à résoudre des problèmes inhérents à la politique intérieure de la Belgique du fait de l'accueil du SHAPE ? Certains faisaient aussi observer que si la Belgique souhaitait la détente,

---

[20] Vincent DUJARDIN, *Pierre Harmel*, Bruxelles, Le cri édition, 2004, p. 634.

c'était pour continuer à réduire ses dépenses militaires. C'est qu'en 1960, elle consacrait 3,5 % de son PNB à la défense, contre 3 % en 1969 et 2,75 % en 1974. Entre 1969 et 1972, l'armée belge a réduit de 10 000 hommes les effectifs, si bien qu'il devenait difficile pour la Belgique de tenir ses engagements militaires au sein de l'OTAN[21]. Mais là ne résidait certainement pas l'objectif majeur de la politique belge de détente, qui s'inscrivait non seulement dans une certaine continuité, mais qui visait avant tout à sauver l'OTAN. Ce qui n'empêche pas ses promoteurs de concéder qu'il n'était pas malvenu qu'elle engendre des conséquences favorables sur le plan intérieur.

Il reste qu'aucun pays ne souhaite faire obstacle à l'idée belge qui est discutée et actée au sein du Conseil de l'Alliance lors de la session des 15-16 décembre 1966, à Paris. Un an plus tard, soit en décembre 1967, le Conseil, dont le siège a dans l'intervalle aussi été transféré en Belgique, à Evere, adopte les conclusions de cet examen. « L'exercice Harmel » était né. Ce document, qui évite toute référence à la supranationalité afin de permettre à la France de l'accepter aussi, souligne l'évolution de la situation internationale depuis 1949, à savoir que l'Alliance a joué un rôle majeur dans l'arrêt de l'expansion communiste en Europe, que l'Union soviétique est devenue une des deux superpuissances mondiales, que le monde communiste n'est plus monolithique et que la doctrine soviétique de la « coexistence pacifique » a modifié la nature de l'affrontement avec l'Ouest, mais non les problèmes fondamentaux. Au regard de ces changements, l'Alliance doit poursuivre deux tâches. L'une est défensive. La seconde relève de la diplomatie. Ainsi, la sécurité militaire, facteur de stabilité dans la politique mondiale, et une politique de détente ne sont pas contradictoires, mais complémentaires. Or, la détente passe évidemment par une réduction des armements, ainsi que par une solution de la question allemande. De fait, le rapport précise que le relâchement des tensions n'est pas l'objectif final. Le but politique ultime de l'Alliance est de « parvenir à un ordre pacifique, juste et durable en Europe, accompagné des garanties de sécurité appropriées ».

---

[21] Mark VAN DEN WIJNGAERT, Lieve BEULLENS et Frank DECAT, « De buitenlandse en militaire politiek van België in een gebipolariserrde wereld », *in* Mark VAN DEN WIJNGAERT et Lieve BEULLENS (dir.), *Oost West, West Best. België onder de Koude Oorlog, 1947-1968*, Tielt, Lannoo, 1997, p. 60.

Si les réactions à la publication de ce rapport peuvent être qualifiées, dans un premier temps, de mitigées du côté occidental, l'exercice Harmel a suscité un intérêt certain à l'Est, même si les autorités tournent publiquement le document en dérision. Avec le temps, le texte deviendra une véritable doctrine. En effet, il permettait à la France de rester dans l'Alliance, redynamisait celle-ci, et conférait une assise à l'*Ostpolitik* de Brandt dans l'ensemble du monde occidental, tout en ouvrant la voie vers le désarmement et la résolution du problème de l'Allemagne, central dans le cadre de la détente[22]. Au-delà, avant même l'adoption de ce rapport, Harmel entend joindre la parole aux actes et amorcer ou poursuivre des dialogues avec ses homologues de l'Est, en particulier avec les Polonais. Après les événements de Prague de 1968, la diplomatie belge joue un rôle moins marquant. La détente reste l'objectif fondamental pour elle et Harmel entend le montrer par la reprise du dialogue avec l'Est. Il se rendra notamment à Moscou pour la seule fois de sa vie les 24 et 25 juillet 1969. Il importe de relever qu'il est symptomatique qu'il soit le premier homme politique occidental à y être accueilli depuis les événements tchécoslovaques, non sans que certains de ses homologues au sein de l'Alliance, notamment britanniques et américains, ne manifestent une nouvelle fois quelque réticence. Arrivé dans la capitale soviétique, le chef de la diplomatie belge aura trois entretiens avec Gromyko, ministre des Affaires étrangères, et un autre avec Kossyguine, président du Conseil des ministres de l'URSS. Au total, le voyage moscovite du chef de la diplomatie n'a pas donné lieu à d'impressionnantes avancées. Ce n'est pas le rôle du ministre des Affaires étrangères d'un petit pays pour lequel parvenir à ouvrir des horizons constitue déjà un succès. Mais s'il a agi ainsi, c'est aussi pour contribuer à arrimer l'Allemagne à la CEE et à l'Europe occidentale.

Un rôle de *go-between* ?

Il reste que, statique et légaliste dans l'immédiat avant-guerre, la diplomatie belge s'est montrée plus créative après celle-ci, et cherche à gagner la protection, le respect et parfois l'estime des grandes nations. Au regard de ce défi, Paul van Zeeland jugeait que les petits États

---

[22] Rick COOLSAER, *La politique extérieure de la Belgique*, Bruxelles, De Boeck université, 2002, p. 179-189 ; DUJARDIN, *Pierre Harmel, op. cit.*, p. 607-709.

avaient un rôle de choix à jouer. Dès 1944, il tentait de démontrer dans le *New York Times Magazine* la nécessité de la création d'institutions internationales dans lesquelles les petits pays pourraient atténuer les heurts, faciliter les contacts et les compromis, tandis que les grands pays, qui seuls pourront encore disposer de l'armement le plus moderne, prendraient une place proportionnelle à leur importance[23]. Et van Zeeland d'ajouter plus tard qu'à ses yeux, « les petits États ne peuvent laisser à d'autres ce souci essentiel. Ils y sont plus intéressés que quiconque. Et leurs vues, dépouillées des considérations de prestige ou d'influence relative, peuvent coller la réalité de tout près[24] ». Jouer le rôle de *go-between* ? Tel reste le vœu de la diplomatie belge dans les années 60. Mais encore faut-il prouver aux « grands » l'utilité de son action. En effet, pour peser dans le dossier des relations Est-ouest, la Belgique n'a donc pu avoir une influence que si un « grand », voire les Américains eux-mêmes, appuyait ses initiatives. Que ce soit à l'OTAN ou dans le cadre de l'intégration européenne, la Belgique ne peut *a priori* nourrir d'autre ambition que celle d'entretenir, avec modestie, un climat positif, de soumettre des idées aux représentants des grands pays[25]. Dans le dossier européen, face aux crises répétées des années 1960, les inquiétudes de la diplomatie belge se faisaient de plus en plus sonores et les initiatives qu'elle a prises dans ces années-là étaient dues pour une part certaine aux craintes nourries au regard de certains positionnements de ses « chers voisins », la France et l'Allemagne, alors qu'à l'égard du dossier d'adhésion britannique, elle entendait là aussi jouer ce rôle de « *go-between* »…

Vincent DUJARDIN

---

[23] *The New York Times Magazine*, 24 septembre 1944, p. 9 et p. 44 ; le 26 juillet 1944, van Zeeland fut félicité par courrier par A. Berle, assistant au secrétaire d'État américain pour son article *Small countries and international Reorganization*, *cf.* Vincent DUJARDIN et Michel DUMOULIN, *Paul van Zeeland*, Bruxelles, Racine, 1997, p. 217.

[24] Paul VAN ZEELAND, « L'Otan et les petits États », *Rivista di Scienze Economiche e Commerciali*, 1961, n° 8, p. 8 ; sur le rôle des petits pays dans l'après-guerre, voir aussi Paul VAN ZEELAND, « Belgium in the Postwar World », *in* Jan-Albert GORIS (dir.), *Belgium. The United Nations series*, Berkeley / Los Angeles, University of California Press, 1945, p. 429-442.

[25] Jonathan E. HELMREICH, *Belgium and Europe. A study in small power diplomacy*, La Haye, Mouton, 1976, p. 380.

La construction européenne dans les années 1970 : Pierre Werner et le couple franco-allemand

> « *Il en va du couple franco-allemand comme de la plupart des couples modernes : il est libéral, tolérant, autorise quelques écarts, fait de moins en moins enfants, ne vit plus sous le même toit. Son principal ennemi est la durée, son atout majeur est qu'on n'a rien trouvé d'autre pour le remplacer. Le choix de l'axe franco-allemand n'est donc pas affaire de sentiments ni de préférences idéologiques, il est tout simplement le seul qui soit réaliste. Le couple franco-allemand, c'est le choix du possible*[1]. »

La présente communication repose principalement sur l'exploitation des papiers privés Pierre Werner, ouverts pour la première fois à la recherche[2]. Constituées par une personnalité qui a participé durant plus de trois décennies à la vie politique européenne, ces archives recèlent de nombreux documents inédits qui procurent un nouvel éclairage sur différentes questions liées à la construction de l'Europe unie. Focalisé sur l'année 1970, cet article se propose de donner un aperçu des accords et des divergences franco-allemandes dans le cadre de l'élaboration du plan de la réalisation d'une union économique et monétaire par étapes dans la Communauté, plus connu sous le nom de rapport Werner.

---

[1] Jacques JULLIARD, « Le couple inévitable », *Le Monde des débats*, 23, mars 2001, p. 11.
[2] Depuis 2011, le CVCE développe le projet de recherche « Pierre Werner et l'Europe » consacré à l'œuvre européenne de Pierre Werner, ancien Premier ministre (1959-1974 et 1979-1984), ministre des Finances et ministre des Affaires étrangères du Grand-Duché de Luxembourg, unanimement reconnu comme l'un des promoteurs de l'Union économique et monétaire. La recherche repose notamment sur l'exploitation des archives privées inédites de Pierre Werner, auxquelles la famille Werner nous a donné un accès privilégié. Le premier corpus de recherche ainsi élaboré est intitulé « Une relecture du rapport Werner du 8 octobre 1970 à la lumière des archives familiales Pierre Werner » (René Leboutte, Ivo Maes et Sylvain Schirmann), il a été publié sur http://www.cvce.eu/recherche/corpus.

Pierre Werner, un témoin privilégié des relations franco-allemandes

Né en France de parents luxembourgeois, profondément imprégné de la culture à la fois latine et germanique de son pays, acteur de premier plan de la construction européenne depuis les années 1950, le destin personnel de Pierre Werner apparaît inextricablement lié à la France et à l'Allemagne.

Après des études primaires et secondaires au Grand-Duché le rendant parfaitement trilingue (français, allemand, luxembourgeois), il suit les cours de la faculté de droit de l'université de Paris et de l'École libre des Sciences politiques (1935-1937). En janvier 1938, il obtient son doctorat en droit. Il s'engage dans plusieurs associations estudiantines luxembourgeoises[3] et internationales, telles que *Pax Romana* dont il devient le vice-président en 1937. C'est dans ce contexte que Pierre Werner intègre les milieux de réflexion catholiques européens, et établit des contacts fructueux avec bon nombre de personnalités, parmi lesquelles ses professeurs Jacques Rueff, Charles Rist, Wilfried Baumgartner, qui ont beaucoup influencé sa formation intellectuelle et ont stimulé son intérêt pour les phénomènes économiques et monétaires. À Paris, il rencontre un autre luxembourgeois de souche, Robert Schuman, qu'il côtoiera par la suite, lors de l'installation à Luxembourg de la Haute Autorité de la CECA.

Jeune avocat au barreau de Luxembourg et intéressé par le domaine des finances privées, Pierre Werner décroche en 1938 un stage à la Banque générale de Luxembourg (BGL), où il travaille jusqu'en octobre 1944. Il échappe aux poursuites nazies en raison des intérêts financiers de la *Deutsche Bank* dans la banque luxembourgeoise[4]. Ses

---

[3] Durant ses études à Paris, Werner est hébergé à la « fondation Birmans-Lapôtre » où il prend part aux activités du *Cercle historique*. Cette association est une sorte de club de débat composé d'étudiants luxembourgeois et belges, voué à servir à l'approfondissement des connaissances sur l'histoire nationale et à développer des arguments contre l'idéologie clamant le retour du Luxembourg dans le *Reich*.

[4] « [...] L'emploi à la Banque Générale, dans laquelle la Deutsche Bank avait pris une participation décisive, me valut d'échapper aux poursuites nazies. monsieur Weicker et moi-même avons refusé de joindre le mouvement « Heim ins Reich » malgré les recommandations insistantes d'un directeur qui avait été détaché par la banque allemande. [...] Entretemps mon apprentissage bancaire tirait à sa fin. À la suite du départ du secrétaire général, qui était de nationalité belge, je fus affecté audit secrétariat

activités au sein du secrétariat général de la BGL l'incitent à rédiger un rapport sur la situation monétaire, financière et bancaire du pays en 1942, qu'il parvient à transmettre au gouvernement luxembourgeois en exil à Londres via le réseau Martin de la Résistance française[5].

À l'issue de la Deuxième Guerre mondiale, Pierre Werner devient attaché au ministère des Finances. Nommé en 1945 Commissaire au contrôle bancaire, il se voit confier quelques grands dossiers de collaboration financière internationale. Il représente ainsi le Luxembourg dans des négociations au sein du Benelux et se familiarise très tôt avec les nouvelles institutions financières multilatérales, le Fonds monétaire international et la Banque mondiale. Il exerce aussi comme conseiller gouvernemental des Finances auprès du Premier ministre Pierre Dupong et, de ce fait, participe activement aux tractations dans le domaine de la défense (mise en œuvre de l'UEO, le projet de la Communauté européenne de Défense, l'OTAN).

Le 29 décembre 1953, jour de son quarantième anniversaire, Pierre Werner est nommé à la fois ministre des Finances et ministre de la Force publique dans le nouveau gouvernement conduit par Joseph Bech. Six ans plus tard, il devient président du gouvernement et il le restera jusqu'en 1984, après un passage dans l'opposition de 1974 à 1979. Durant toutes ces années, la fonction de Premier ministre est combinée avec d'autres portefeuilles ministériels pour des domaines considérés prioritaires pour le pays, tantôt les Affaires étrangères

---

avec le rang de fondé de pouvoir. À ce titre je fus chargé de suivre de près l'évolution de la législation introduite par l'occupant ainsi que les réformes précipitées et bouleversantes qu'il introduisit dans les différents secteurs de la vie financière et économique. » C'est dans ces mêmes circonstances que Werner fait la connaissance de Hermann J. Abs, président du conseil d'administration délégué par la Deutsche Bank dont « *l'activité bienveillante permit d'éviter le pire à ceux qui, [comme Werner et Weicker] refusèrent de rejoindre les organisations nazies* » ; Pierre WERNER, *Itinéraires luxembourgeois et européens. Évolutions et souvenirs : 1945-1985*, vol. 1, Luxembourg, Éditions Saint-Paul, 1991, p. 15-16. La famille Werner ne fut pourtant pas épargnée, car en juin 1944, le frère de Pierre Werner fut forcé au *Arbeitsdienst* et tomba dans un camp de travail de Prusse orientale le 15 janvier 1945.

[5] « Rapport sur la situation monétaire, financière et bancaire luxembourgeoise de 1942 » rédigé par Pierre WERNER en 1943 et envoyé au gouvernement luxembourgeois en exil à Londres ; Centre de Documentation et de Recherche sur la Résistance, Luxembourg ; publié aussi dans *Rappel – Organe de la Ligue luxembourgeoise des prisonniers et déportés politiques, Luxembourg*, 1994, n° 1.

à l'époque de la fusion des exécutifs et de la bataille des sièges des institutions communautaires, tantôt la Fonction publique quand la réforme de l'organisation des administrations devint impérative, tantôt la Culture quand il fut question d'affirmation de l'identité nationale[6]. Notons que Werner introduit les fonctions liées à la monnaie parmi les compétences récurrentes du Premier ministre, innovation qui perdure encore de nos jours.

Sensibilisé aux enjeux européens depuis ses années universitaires, l'engagement européen de Pierre Werner se cristallise dès 1949. Il est alors convaincu de la « nécessité impérieuse pour les pays de l'Europe occidentale d'entreprendre la construction économique et politique de l'Europe unie. L'expérience du travail international, notamment la prise de conscience de la faiblesse et de la division de l'Europe, en faisaient presque une obligation intellectuelle[7] ». Il fait ses premières preuves en janvier 1966 quand, président en exercice du Conseil des ministres de la CEE, il conduit les réunions auxquelles la France prend de nouveau part après sept mois d'absence[8]. Réputé pour sa nature consensuelle et les bonnes relations tissées avec les forces en place, Werner contribue de manière décisive au « compromis de Luxembourg » qui sort la Communauté de l'impasse[9].

---

[6] Le Premier ministre Pierre Werner détient également les portefeuilles des Finances (1959-1964 et 1969-1974), du Trésor (1964-1969 et 1979-1984), des Affaires étrangères et de la Justice (1964-1967), de la Fonction publique (1967-1969), des Affaires culturelles (1969-1974 et 1979-1984). En 1974, le Parti Chrétien-Social (CSV) – au pouvoir depuis 1926 – passe dans l'opposition. Durant cette législature (1974-1979), Pierre Werner siège à la Chambre des députés en tant que président du groupe parlementaire des chrétiens-sociaux. En juillet 1984, alors que son parti sort victorieux des élections législatives, il se retire de la vie politique tout en restant actif sur la scène publique. Ses domaines de prédilection sont la promotion de l'euro et le développement des médias et de l'audiovisuel, à travers notamment le projet de la Société européenne des Satellites.

[7] WERNER, *Itinéraires…*, *op. cit.*, vol. 1, p. 35.

[8] La France était en désaccord avec ses cinq partenaires et la Commission européenne en raison du passage progressif du vote à l'unanimité au vote à la majorité qualifiée prévue par le traité de Rome à partir de 1966. Pour marquer son opposition, le gouvernement français, qui privilégie l'approche intergouvernementale, pratique la politique de « la chaise vide » et ne siège pas au Conseil des ministres du 1er juillet 1965 au 29 janvier 1966.

[9] Werner mentionne que les tractations qui ont abouti au compromis de Luxembourg se sont basées sur un document évolutif dit « luxembourgeois » rédigé par la délégation

Werner s'investit très tôt aux côtés de Jean Monnet dans le Comité d'action pour les États-Unis d'Europe et, dès 1968, y sera particulièrement actif dans les débats autour de l'Europe par la monnaie. Sa présence trente ans durant dans le cercle fermé des ministres des Finances, et ses échanges constants avec les experts du domaine, ont maintenu chez lui cet intérêt toujours vif. Il établit des relations de confiance, voire d'amitié avec ses pairs, notamment avec Valéry Giscard d'Estaing, Raymond Barre, Karl Schiller, Franz Etzel, avec le baron Snoy et d'Oppuers, Emilio Colombo, ainsi qu'avec bon nombre de banquiers centraux, dont Bernard Clappier (Banque de France), Karl Blessing (Bundesbank) et Hermann Abs (banquier à la Deutsche Bank, particulièrement respecté), le baron Hubert Ansiaux (Banque nationale de Belgique), Guido Carli (Banca d'Italia), ou encore Jelle Zylstra (De Nederlandsche Bank). Leurs échanges seront réguliers durant de longues années. Werner entretient également des rapports cordiaux avec les Britanniques, tout spécialement avec Edward Heath, et il montre un intérêt particulier tant pour les démarches d'adhésion de la Grande-Bretagne à la Communauté, que pour la problématique soulevée par la livre sterling dans le cadre d'une identité monétaire européenne. Ses bonnes connexions de longue date dans les milieux politiques et d'affaires outre-Atlantique ajoutaient à sa vision une nécessaire dimension globale, s'agissant notamment des conclusions à retenir du libéralisme économique américain et du rôle du dollar comme monnaie à la fois nationale et internationale.

Au-delà de ses fonctions officielles, Pierre Werner nourrit une véritable passion pour la question économique et monétaire, qui se forge en interaction avec les grands débats d'idées. La France, comme l'Allemagne, s'avèrent des tribunes privilégiées et les conférences qu'il prononce à Strasbourg (1960) et Saarbrücken (1968) restent de véritables jalons.

---

du Grand-Duché (Pierre Werner, Albert Borschette et Christian Calmes) et adapté en permanence selon la problématique et les formules ayant recueilli l'unanimité des Cinq. Et ce par des duos successifs : Schroeder-Luns, Colombo-Spaak, etc. Président la réunion, Werner oriente les discussions dans « deux ordres d'idées principaux : votes majoritaires et relations entre le Conseil et la Commission ». Le résultat ? « L'essentiel de la conférence fut atteint : le retour de la France à la table des négociations, et […] l'intégrité juridique du traité de Rome à [qui] restait intacte. » (WERNER, *Itinéraires…*, *op. cit.*, vol. 2, p. 73-80).

Le 21 novembre 1960, dans une conférence à Strasbourg, Werner développe ses premières réflexions sur l'intégration monétaire européenne[10]. Puisant l'inspiration dans les enseignements du Benelux (fondé sur un accord de coopération monétaire et sur une stabilité garantie des relations financières), ses propos font preuve d'une vision à caractère manifestement « économiste », mais empreinte de gradualisme et d'équilibre. À ses yeux, « [...] entre pays souverains, le rapprochement monétaire ne peut être que progressif et concomitant au rapprochement des politiques économiques [...] et l'unification monétaire intervient à la fin, plutôt qu'au début du processus d'intégration[11] ».

Le 26 janvier 1968, à Saarbrücken, Pierre Werner s'exprime au congrès *Europaforum*, aux côtés de Jean Monnet et de Walter Hallstein[12]. Il plaide d'abord en faveur de l'adhésion britannique et estime que face à ce pays détenteur d'une monnaie de réserve et véhiculaire du commerce mondial, les Six seront obligés de se focaliser sur des objectifs communs de politique monétaire. Werner propose ainsi un plan d'action en cinq points pour une intégration monétaire européenne reposant sur la création d'une unité de compte européenne, la fixité des taux de change entre les monnaies européennes et la solidarité (interne et externe) exercée à travers la mise en place d'un fonds de coopération monétaire[13]. Il clôture son exposé en étayant quelques propositions sur

---

[10] Pierre WERNER, « Les finances et les monnaies européennes au service de l'intégration économique », conférence donnée à Strasbourg le 21 novembre 1960 ; publiée in *Bulletin de documentation*, 30 novembre 1960, n° 15, Luxembourg, Service Information et Presse, ministère d'État, Grand-Duché de Luxembourg, décembre 1960, p. 3-11.

[11] *Ibid.*, p. 7 ; Werner relève également qu'un marché commun nécessite non seulement un ordre financier à l'intérieur de la communauté, mais un ordre financier international. Quant à l'aire financière des Six, il ne suffit pas qu'elle s'intègre dans un système monétaire plus vaste, mais « une orientation communautaire plus poussée devra être donnée à leurs politiques financières ».

[12] Pierre WERNER, « Perspectives de la Politique Financière et Monétaire Européenne », *Bulletin de documentation*, 26 janvier 1968, n° 2. Luxembourg, Service Information et Presse, ministère d'État, Grand-Duché de Luxembourg, 26 janvier 1968, p. 1-8.

[13] Le plan d'action en cinq points repose sur les lignes d'action suivantes :
1) Définition des opérations à caractère monétaire que les partenaires ne pourraient entreprendre qu'après consultation de leurs partenaires, soit dans le cadre du Conseil des ministres, soit dans celui du Comité monétaire, soit éventuellement dans un organe spécial, composé des ministres de Finances et des gouverneurs des banques centrales.
2) Mise au point et approbation de la définition de l'unité de compte européenne, à la suite d'une unification des formules utilisées dans les Traités européens et diverses

la libéralisation des flux des capitaux et sur le développement spontané des marchés en eurodevises, phénomènes ancrés dans les réalités de la place financière du Luxembourg.

Huit ans après la conférence de Strasbourg où il s'est affirmé « économiste », Werner semble pencher du côté des « monétaristes ». Pourquoi ce changement de cap ? Il s'agit de la sauvegarde des intérêts vitaux de la place financière luxembourgeoise, en proie aux attaques de la France. Pour défendre son pays, en qualité de ministre des Finances, Werner monte au créneau. Dès janvier 1967, Paris fait de l'harmonisation de la fiscalité des mouvements des capitaux au sein de la Communauté son cheval de bataille. Cet impératif français est de nature à bouleverser profondément la législation financière du Grand-Duché, qui est pour beaucoup dans l'essor économique du pays. En

---

régulations. L'usage de cette unité de compte dans les relations entre les Six se développerait très naturellement, suivant les nécessités de l'action communautaire, interne et externe.

3) Avec ou sans référence à la monnaie de compte, les Six devraient préciser leurs engagements réciproques pour le maintien des relations fixes entre leurs monnaies.

4) L'articulation de la coopération monétaire des Six avec celle qui se pratique sur le plan mondial du FMI est indispensable dans l'intérêt de la poursuite des objectifs de sécurité et de liberté des échanges que préconisent les organismes financiers créés à Bretton Woods. C'est dire toute l'importance d'une consultation et d'une coordination des points de vue dans les relations avec ces organismes. Elles prendront une importance particulière à partir du moment où le plan des nouveaux droits de tirage spéciaux sur le Fonds entrera en vigueur.

5) À titre prévisionnel il faudrait arrêter le schéma d'un accord intergouvernemental, dans lequel s'inscrirait, au moment opportun, l'étendue des obligations de chaque pays en matière de concours mutuel en application des articles 108 et 109 du traité. L'organisation du concours pourrait se faire à travers un instrument communautaire constitué par un fonds européen de coopération monétaire. Ce fonds canaliserait deux sortes d'opérations :
– vers l'intérieur, des concours mutuels tendant à corriger les déséquilibres des balances de paiement, sous réserve d'une coordination avec des tirages sur le Fonds monétaire international ;
– vers l'extérieur, les opérations de crédit international dérivant soit de la politique commerciale commune, soit de concours à apporter dans le système des paiements internationaux.

« Je ne plaide pas pour une précipitation inconsidérée dans cette matière, mais pour une action progressive et organique, conforme aux besoins réels du fonctionnement de notre communauté. Bien sûr, l'usage de la monnaie de compte et différentes actions de solidarité institutionnalisées, nous rapprocheront du système idéal et final, qui s'appuiera sur un fonds de réserve européen et la monnaie européenne. » (*ibid.*, p. 7).

mars 1968, devant les ministres des Finances réunis en conseil, Werner suggère une autre approche. Fondant son jugement sur le parallélisme entre la libre circulation des marchandises qui allait devenir effective le 1er juillet 1968 et la libre circulation des capitaux, il propose de donner la priorité à l'harmonisation monétaire, plus urgente. L'harmonisation fiscale sera abordée ultérieurement. En effet, les difficultés de la livre sterling, puis du franc français mettront les questions monétaires au premier plan, et donnent ainsi raison à la proposition de Werner. Les spécificités financières luxembourgeoises ont été ainsi sauvegardées.

Le plan d'action en cinq points, que la presse nomme déjà « plan Werner », reçoit une publicité non soupçonnée en Europe et ailleurs, venant d'un membre du Conseil des ministres et répondant aux anxiétés de l'heure. Le gouverneur de la Banca d'Italia, Guido Carli, activiste de marque du comité Monnet, s'applique à le rendre accessible au monde politique et de la finance à travers les publications de l'association italienne des banques[14]. S'ensuivent des conférences au Benelux qui le rendent accessible à un plus large public. Dans ses grandes lignes, le document reste inchangé, mais une condition de poids en matière de procédure de consultation s'y rajoute : « on ne pourra procéder à des modifications de change que d'un commun accord[15] ».

Werner multiplie ses contacts avec Jean Monnet, président du Comité d'action pour les États-Unis d'Europe, ainsi qu'avec le professeur Robert Triffin. Il se retrouve en consonance avec la vision de de cet économiste belgo-américain, qui, articulant l'intégration monétaire avec la réforme du système monétaire international, envisage l'introduction d'une unité de compte européenne indépendante du dollar et convertible en monnaies européennes, suivie de la création d'une autorité monétaire européenne et, enfin, d'une politique monétaire commune. Au cours des travaux du comité Werner, le dialogue entre les trois hommes s'intensifie et ne tarde pas à porter ses fruits.

---

[14] Pierre WERNER, *Perspectives de la politique financière et monétaire européenne*, Rome, Bancaria, 1968.
[15] Pierre WERNER, « Benelux et les perspectives de la politique financière européenne. Exposé fait à La Haye par Pierre Werner, Ministre d'État, Président du gouvernement, Ministre du Trésor devant le Comité Benelux, 1er avril 1968 », *Bulletin de documentation*, 30 juin 1968, n° 6, Luxembourg : Service Information et Presse, ministère d'État, Grand-Duché de Luxembourg, 30 juin 1968, p. 8-11.

Lorsqu'il étaye ses propositions aux ministres des Finances des Six réunis le 9 et 10 septembre 1968 à Rotterdam, Werner remarque que son plan repose, d'une part, sur l'engagement politique des États-membres et, d'autre part, sur le parallélisme entre la coordination des politiques économiques et l'intégration monétaire. Mais « la solidarité monétaire ne s'établira que laborieusement, au fur et à mesure du renforcement de la politique économique et elle en dépend. D'un autre côté, la mise en place des procédures et d'instruments juridiques orientés vers une politique monétaire commune constituera un puissant levier pour opérer le rapprochement des économies nationales16 ». Par l'approche mesurée qui est la sienne, Werner se place déjà sur une position médiane dans la controverse entre les courants monétaristes et économistes qu'il sera amené à arbitrer deux années plus tard. Cet équilibre subtil finira par imprégner le plan par étapes et, logiquement, la vision sur l'union économique et monétaire que le groupe Werner forgera entre mars et octobre 1970.

La présidence du comité Werner sous l'angle franco-allemand

Six ans après le traité de l'Élysée, un nouveau *leadership* franco-allemand arrivé presque en même temps au pouvoir – Georges Pompidou en France et Willy Brandt en Allemagne – donne une impulsion décisive à la construction européenne. Le sommet de La Haye, qui se tient les 1er et 2 décembre 1969 sous les auspices du triptyque « achèvement, élargissement, approfondissement », en est l'expression[17]. La coopération monétaire, jugée à la fois absolument

---

[16] Pierre WERNER, « Exposé fait à Rotterdam par Pierre Werner, Président du gouvernement, Ministre du Trésor à la réunion du Conseil des Ministres des Finances de la CE, 10 septembre 1968 », *Bulletin de documentation*, septembre 1968, n° 8, Luxembourg, Service Information et Presse, ministère d'État, Grand-Duché de Luxembourg, septembre 1968, p. 5-11, ici p. 9.

[17] L'achèvement du Marché commun se traduit par la résolution du litige relatif à la politique agricole commune. Il est trouvé un compromis qui prévoit l'adoption des règlements financiers agricoles (demandée par la France) et l'augmentation des pouvoirs budgétaires du Parlement européen (exigée par les autres parties, avec l'Italie en chef de file). Les Six s'accordent également sur le principe d'un règlement financier en matière de ressources propres de la Communauté. Au titre de l'approfondissement communautaire,

indispensable et quasiment impossible, s'impose parmi les priorités d'action[18]. C'est ainsi que les États membres décident d'explorer les possibilités de progrès vers une union économique et monétaire, à atteindre à l'horizon d'une décennie, et de confier cette réflexion à un comité *ad hoc*, composé d'experts en la matière[19].

Le 4 mars 1970, la Commission de la CEE soumet au Conseil des ministres la composition du groupe. Son choix semble reposer sur trois motivations principales. Premièrement, les experts devaient rassembler des responsables de politique économique et financière des États membres. Ensuite, ces personnalités devaient être particulièrement attachées à la cause européenne. Enfin, la solution retenue devait susciter une acceptation aussi large que possible au niveau des gouvernements. Le comité réunit, par conséquent, les dirigeants des cinq comités spécialisés de la Commission, qui détenaient, par ailleurs, des hautes fonctions nationales, mais qui y siègent à titre personnel. Il s'agit des présidents du Comité monétaire (le Français Bernard Clappier, qui est aussi sous-gouverneur de la Banque de France), du Comité des gouverneurs des banques centrales (le Belge Hubert Ansiaux, président de la Banque nationale de Belgique), du Comité de politique économique à moyen terme (l'Allemand Johann Baptist Schöllhorn,

---

deux volets se profilent : la coopération en matière économique et monétaire, ainsi que la coopération politique. Les États membres acceptent l'élargissement de la Communauté, par l'adhésion des quatre pays candidats : le Danemark, la Grande-Bretagne, l'Irlande et la Norvège.

[18] *Cf.* Lars MAGNUSSON et Bo STRATH (dir.), *From the Werner Plan to the EMU. In search of a Political Economy for Europe*, Bruxelles, PIE-Peter Lang, 2001.

[19] *Cf.* au point 8 du Communiqué final de la conférence: « [Les chefs d'État ou de gouvernement, ainsi que les ministres des Affaires étrangères des États membres des Communautés européennes] ont réaffirmé leur volonté de faire progresser plus rapidement le développement ultérieur nécessaire au renforcement de la Communauté et à son développement en une union économique. Ils sont d'avis que le processus d'intégration doit aboutir à une Communauté de stabilité et de croissance. Dans ce but, ils sont convenus qu'au sein du Conseil, sur la base du mémorandum présenté par la Commission le 12 février 1969, et en étroite collaboration avec cette dernière, un plan par étapes sera élaboré au cours de l'année 1970 en vue de la création d'une union économique et monétaire. Le développement de la coopération monétaire devrait s'appuyer sur l'harmonisation des politiques économiques. Ils sont convenus de faire examiner la possibilité d'instituer un fonds de réserve européen auquel devrait aboutir une politique économique et monétaire commune. » *Bulletin des Communautés européennes*, 1970, n° 1, p. 12-17.

également secrétaire d'État au ministère fédéral de l'Économie), du Comité de politique conjoncturelle (le Néerlandais Gerard Brouwers, secrétaire d'État au ministère de l'Économie) et du Comité budgétaire (l'Italien Gaetano Stammati, trésorier général de l'État au ministère du Trésor). La Commission est représentée par le directeur général des Affaires économiques (DGII), Ugo Mosca. La Commission gère également le secrétariat du groupe *ad hoc*, dont la coordination revient à Jean-Claude Morel, fonctionnaire à la DGII.

Cette composition est telle que parmi les Six, seul le Luxembourg manque. C'est alors qu'est avancé le nom de Pierre Werner, à l'époque Premier ministre et ministre des Finances du Grand-Duché, mais aussi président en exercice du Conseil des ministres de la CEE. En sa faveur jouent deux arguments de poids : son expertise reconnue en matière économique et monétaire, et sa réputation d'homme de consensus. Suite à l'accord unanime des États membres, Werner est nommé président du groupe.

Mais le cheminement de l'idée à la certitude, aussi bien pour la structuration du comité que pour le choix du président, a connu bien de méandres, au gré notamment du jeu d'intérêts franco-allemands.

Dans ses mémoires, Werner écrit que c'est le baron Snoy, ministre belge des Finances, qui lui téléphona le 25 février 1970 pour savoir s'il accepterait d'assumer la présidence du groupe, proposée conjointement avec son homologue français Valéry Giscard d'Estaing. Ils y voyaient l'avantage que le pouvoir politique y soit ainsi représenté, et mettaient cette structure en parallèle avec le comité Spaak qui avait rédigé le traité de Rome. Après quelques jours de réflexion et suite aux assurances que les six gouvernements considèrent de manière positive sa nomination, Werner accepte.

Bernhard Molitor, à l'époque directeur des Économies nationales et de la conjoncture auprès de la Commission de la CEE, livre une autre version. « C'est M. Raymond Barre qui a proposé Pierre Werner – hautement respecté tant pour ses compétences politiques, économiques et financières que pour son engagement européen – pour la présidence du groupe [...]. Raymond Barre estimait qu'il fallait que ce soit un ministre d'un État membre qui fasse cette proposition à la conférence des ministres des Finances à Paris, qui suivait l'adoption des propositions par la Commission. Il en a parlé au baron Snoy, mais celui-ci n'a pas présenté cette proposition au premier tour de table et c'est le ministre allemand de l'Économie, Karl Schiller, qui a pris la relève[20]. »

Un autre participant direct aux événements, le ministre des Affaires étrangères luxembourgeois Gaston Thorn, révèle que la proposition pour la présidence du comité lui appartient[21]. Et sa version a aussi sa part de crédibilité[22]. Mais la réalité s'avère plus complexe, et parfois bien différente de ce dont ces témoins nous font part. Des documents inédits provenant des papiers privés Werner, ainsi que des

---

[20] Bernhard MOLITOR, « Les origines du plan Werner », in Comité pour l'histoire économique et financière de la France, *Le rôle des ministères des Finances et de l'Économie dans la construction européenne (1957-1978)*, 2 vol., Paris, Publication des Journées préparatoires qui se sont tenues à Bercy le 14 novembre 1997 et le 29 janvier 1998, 2002, vol. 2, p. 110.

[21] Dans une interview filmée datant de 1998, Gaston Thorn affirme : « Si Pierre Werner n'avait pas commencé – et si bien commencé – je ne sais pas, peut être aurions-nous l'euro quand-même un jour, mais certainement pas maintenant ! […] Quand Pierre Werner a fait son rapport, c'est moi qui l'ai proposé. J'étais ministre des Affaires étrangères et c'était au conseil des ministres des Affaires étrangères où on s'est dit "Qu'est-ce qu'on fait ?" C'était la vieille querelle […] : les uns disaient qu'il faut parfaire d'abord l'union économique et de là on débouchera sur la monnaie ; les autres disaient "il faut faire la monnaie et alors, l'économie suivra". Bien sûr, ce qu'il fallait faire, c'était les deux ! Ce qu'on a fait finalement, mais ça a mis beaucoup de temps. Et alors quand on a dit "à quel groupe de travail donnera-t-on ce rapport à faire et qui le présidera ?", c'est moi qui ai proposé Pierre Werner et certains étaient surpris. […] Un collègue des Affaires étrangères, et non des moindres, est venu me trouver en me disant "Gaston, retire cette proposition ! On a décidé de faire ce rapport, mais les uns avec plus d'enthousiasme que d'autres ! Il se peut très bien qu'on arrive à un moment à vouloir tuer cette idée et c'est difficile de la tuer si le Premier ministre (Werner) est à la tête de ce groupe de travail". Je lui ai dit "Vois-tu ? C'est précisément pour cela que je voudrais qu'il le soit !" Voilà le lancement du rapport Werner. » (source : www.cvce.eu).

[22] Les propos de Gaston Thorn sont pertinents, car les ministres des Affaires étrangères des Six se sont réunis entre le 19 et le 21 décembre 1969 et des discussions portant sur l'harmonisation des politiques économiques et la coopération monétaire suite aux conclusions de la réunion de La Haye figuraient sur leur agenda. Comme le communiqué final du sommet ne précisait que l'objectif du Conseil, à savoir d'élaborer en 1970, de concert avec la Commission, un plan par étapes préfigurant une union économique et monétaire, il est à penser que les discussions techniques pour la définition du cadre et des moyens pratiques ont été confiées aux ministres des Affaires étrangères des Six. Il est donc fort possible que des négociations politiques autour du nom du président s'y sont déroulées et que, fort d'un accord de principe émanant de la formation ministérielle spécialisée, le baron Snoy lance ensuite, de manière officielle, le nom de Pierre Werner.

archives diplomatiques allemandes, éclairent ces questions d'un jour nouveau[23].

On apprend ainsi que lors de la réunion des ministres de l'Économie et des Finances du 24 février 1970, il est question que le groupe, composé des cinq présidents des comités spécialisés, intègre aussi un Luxembourgeois et un représentant de la Commission. On envisage même une coprésidence, attribuée à ces *outsiders*. Dans ce contexte émerge une proposition franco-allemande[24], imaginant de placer Bernard Clappier à la tête du comité. De son côté, la Belgique – présidente en exercice du Conseil des ministres de la Communauté au 1er semestre de 1970 – considère Hubert Ansiaux comme candidat idoine. Pour éviter une confrontation avec la proposition franco-allemande, le baron Snoy avance une nouvelle solution. « Après divers colloques privés, [il] propose que le Luxembourg en soit [aussi représenté] en la personne de son ministre d'État, Pierre Werner lui-même[25]. »

Le 3 mars 1970, la représentation permanente de la Belgique auprès de la Commission diffuse officiellement aux États membres la proposition que le Premier ministre Werner soit le représentant du Luxembourg au comité *ad hoc*. En cas d'acceptation par l'intéressé, la présidence du groupe devrait lui revenir exclusivement. Le télégramme précise que toutes les délégations ont donné leur accord, sauf l'Allemagne qui « ne s'est pas encore prononcée ». Cette prise de position s'avère compliquée.

---

[23] « Wirtschafts-und Währungsunion in der EWG. Einsetzung des 5. Präsidentenausschusse », télégramme n° 4160 adressé par le directeur du département E du ministère fédéral de l'Économie au secrétaire d'État Rohwedder, ainsi que, pour information, aux secrétaires d'État Arndt et Schöllhorn, Bonn, 3 mars 1970 (copie provenant des archives fédérales, Coblence. BArch B 102 (Bundesministerium für Wirtschaft)/93469) ; et « Wirtschafts-und Währungspolitik in der EWG. Bestellung des Präsidenten des ad-hoc-Ausschusses », télégramme adressé par le directeur du département E du ministère fédéral de l'Économie au secrétaire d'État Rohwedder, ainsi que, pour information, aux secrétaires d'État Arndt et Schöllhorn, Bonn, 5 mars 1970 (copie provenant des archives fédérales, Coblence. BArch B 102 (Bundesministerium für Wirtschaft)/93457).

[24] C'est la conclusion des discussions menées par Detlev Rohwedder, secrétaire d'État au ministère fédéral de l'Économie, et Valéry Giscard d'Estaing, ministre français des Finances, fin février 1970 à Paris. *Ibid. Wirtschafts-und Währungspolitik in der EWG. Bestellung des Präsidenten des ad-hoc-Ausschusses*. Bonn, 5 mars 1970, Coblence. BArch B 102 (Bundesministerium für Wirtschaft)/93457.

[25] Jean-Charles SNOY et D'OPPUERS, *Rebâtir l'Europe. Mémoires. Entretiens avec Jean-Claude Ricquier*, Louvain-la-Neuve, Éditions Duculot, 1989, p. 174.

D'une part, parce qu'au regard du principe de la coprésidence, et forts de leur proposition commune avec la France concernant Clappier, les Allemands n'ont à aucun moment envisagé une solution alternative. D'autre part, parce que le prestige de Werner en tant que Premier ministre d'un pays ami les incitait à la plus grande précaution.

La principale inquiétude provient notamment « du contrepoids que la présidence luxembourgeoise pourrait faire à la position allemande qui privilégie [dans le contexte d'une union économique et monétaire] la priorité de l'harmonisation des politiques économiques[26] ». Partageant la même préoccupation, les Néerlandais s'activent à leur tour. Sous prétexte que le rang d'un Premier ministre est trop élevé par rapport au niveau d'ensemble, ils proposent d'attribuer la présidence du comité d'experts au secrétaire d'État allemand Walter Schöllhorn. Cette éventualité est vite rejetée par le ministère fédéral de l'Économie, compte tenu de l'accord préexistant avec France[27]. Mais les Français, qui pratiquent un double-jeu, consentent à la candidature luxembourgeoise sans informer leurs partenaires. Pour l'anecdote, notons que le 5 mars 1970, alors que Giscard d'Estaing avait déjà confirmé officiellement son accord concernant Pierre Werner, son chef de cabinet appelle l'ambassade d'Allemagne à Paris pour demander « si ce n'est pas le secrétaire d'État Rohwedder celui qui a suggéré d'attribuer à Werner la présidence du comité, faisant ainsi échouer la proposition franco-allemande initiale ». Après des heures d'hésitation, Paris finit

---

[26] *Cf.* « Wirtschafts-und Währungsunion in der EWG. Einsetzung des 5. Präsidentenausschusses », télégramme n° 4160 adressé par le directeur du département E du ministère fédéral de l'Économie au secrétaire d'État Rohwedder, ainsi que, pour information, aux secrétaires d'État Arndt et Schöllhorn, Bonn, 3 mars 1970 (copie provenant des archives fédérales, Coblence. BArch B 102 (Bundesministerium für Wirtschaft)/93469). Les Allemands étaient préoccupés en raison des thèses monétaristes que Werner avait défendues auparavant (voir *infra*), ainsi que de sa proximité avec Giscard d'Estaing et avec le baron Snoy qui partageaient les mêmes idées ; leur souci s'avérera finalement infondé, car Werner présidera le groupe d'experts avec objectivité et impartialité.

[27] Ces éléments ressortent d'un appel téléphonique au ministère fédéral de l'Économie à Bonn réalisé, le 4 mars 1970, par un représentant du ministère néerlandais des Finances ; lors de cette conversation, il transmet les intentions du ministre Witteveen et sonde la réaction des Allemands *in* « Wirtschafts-und Währungspolitik in der EWG. Bestellung des Präsidenten des ad-hoc-Ausschusses », Bonn, 5 mars 1970, Coblence. BArch B 102 (Bundesministerium für Wirtschaft)/ 93457, p. 3.

par prévenir Bonn de son accord pour la nomination du Premier ministre luxembourgeois. De ce fait, la proposition franco-allemande concernant la candidature de Clappier devient caduque. Mise devant le fait accompli, l'Allemagne rejoint les autres délégations et confirme, à son tour, l'appui à Werner. Le lendemain, le Conseil des ministres entérine le mandat du président : le comité Werner est sur les rails.

Dans la nomination de Pierre Werner à la tête du groupe d'experts, le rôle de la Belgique a été essentiel. C'est la Belgique, le baron Snoy en l'occurrence, qui a proposé le nom du Premier ministre luxembourgeois, a élaboré le document de négociation et a œuvré pour l'accord des partenaires. Mais c'est grâce à l'Allemagne que cette initiative a pu aboutir, et ce après avoir rallié les Pays-Bas et contourné le piège de la duplicité des Français.

La genèse du rapport Werner, ou monétaristes français *versus* économistes allemands

De mars à octobre 1970, le comité Werner travaille avec acharnement. Parmi les quatorze réunions officielles, neuf se déroulent à Luxembourg, consolidant ainsi sa réputation de capitale permanente de la Communauté. Après sept mois de débats, controverses, tractations et retournements de situation et suite à un rapport intermédiaire[28], les experts trouvent *in extremis* un consensus sur le chemin vers l'Union économique et monétaire. Le 8 octobre 1970, Werner présente

---

[28] « Rapport intermédiaire sur l'établissement par étapes d'une Union économique et monétaire », *Bulletin 7/1970, Supplément, Journal Officiel des Communautés européennes*, n° C 94, 23 juillet 1970. Notons que la rédaction de l'ébauche du rapport intermédiaire a été confiée aux suppléants du comité Werner. Il s'agit de : Jacques Mertens de Wilmars (belge, adjoint au baron Ansiaux, président du Comité des gouverneurs des banques centrales), Anthony Looijen (néerlandais, adjoint de Gerard Brouwers, président du comité de politique conjoncturelle), Jean-Michel Bloch-Lainé (français, adjoint de Bernard Clappier, président du comité monétaire), Hans Tietmeyer (allemand, adjoint de Johann Baptist Schöllhorn, président du comité de politique économique à moyen terme), Simone Palumbo (italien, adjoint de Gaetano Stammati, président du comité de politique budgétaire), Johny Schmitz (luxembourgeois, adjoint au président Werner) et Jean-Claude Morel (adjoint de Ugo Mosca, directeur général des Affaires économiques et financières à la CEE).

officiellement le plan établi par son groupe[29]. Sa déclaration donne probablement la meilleure clé de lecture de l'objectif poursuivi :

> « Je suis heureux de constater que sur tous ces aspects nous avons réalisé un avis collectif unanime. Ces réponses communes évidemment ne traduisent pas toutes les préférences individuelles des membres du groupe. Mais nous estimons qu'après avoir fait le tour de la question, au cours de longues confrontations d'idées nous avons réussi à traduire le vœu du parallélisme dans les actions à entreprendre sur le plan économique et financier. Notre ambition était de briser définitivement le cercle vicieux des préalables économiques et politiques. Entre l'opinion qui considère l'union monétaire comme le couronnement de l'intégration européenne et celle qui en ferait le moteur quasi tout puissant, nous avons essayé de tracer une ligne médiane. Je pense que les propositions sont dans la ligne des traités existants, qu'elles tendent précisément à assurer la réalisation de la plénitude de leurs objectifs. Aussi pour la première étape, pouvons-nous faire une grande partie du chemin sans modification des traités. Toutefois, une forte volonté politique doit accompagner ce processus tout au long de sa réalisation[30]. »

Le parallélisme effectif entre la coordination des politiques économiques et la coopération monétaire s'impose comme principe fondateur du rapport Werner[31], de pair avec la notion d'intérêt

---

[29] « Rapport au Conseil et à la Commission concernant la réalisation par étapes de l'Union économique et monétaire dans la Communauté (rapport Werner) », Luxembourg, 8 octobre 1970, *Journal officiel des Communautés européennes*, n° C 136, supplément au *Bulletin 11/1970*, Luxembourg, 11 novembre 1970. Dans sa première édition, ce document remis officiellement au Conseil des ministres et à la Commission des CE le 15 octobre 1970 porte réellement le sous-titre « rapport Werner », que les experts choisissent à l'unanimité, en hommage à leur président. Quelques jours plus tard, lors de l'envoi du rapport officiel au Parlement européen par les bons soins de la Commission des CE, cet intitulé est omis et le sera, ensuite, systématiquement.

[30] « Déclaration de Pierre Werner au Conseil des ministres », Luxembourg, 26 octobre 1970, *Bulletin de documentation*, Luxembourg: Service Information et Presse, ministère d'État, 26 octobre 1970, n° 6.

[31] Ce principe s'applique dans trois domaines : parallélisme entre les progrès de la convergence des politiques économiques et l'accroissement des contraintes monétaires ; parallélisme entre les contraintes monétaires et le transfert des compétences à la Communauté en matière de politique économique (politique monétaire et de

commun, qui combine et dépasse la simple juxtaposition des intérêts nationaux. Cette ligne d'équilibre n'est pas un choix initial, mais le résultat ultime des affrontements entre deux visions divergentes. Les « monétaristes » français sont en contradiction avec les « économistes » allemands en matière de méthode et d'objectifs politiques. Le couple franco-allemand est divisé.

Les confrontations entre « économistes » et « monétaristes » au sein des Six émergent bien avant le comité Werner et dépassent largement ce cadre. Durant l'année 1969, ce débat s'intensifie autour du premier plan Barre, pour s'attiser davantage sous l'impact de plusieurs facteurs[32]. Il s'agit, d'une part, des troubles monétaires engendrés par le flottement du franc français et du mark ouest-allemand et, d'autre part, du changement de *leadership* survenu quasi-simultanément en France et en Allemagne.

Président de la République depuis le 15 juin 1969, Georges Pompidou souhaite dynamiser l'action européenne de la France. En matière d'intégration économique, le débat n'est plus seulement entre coordination économique et coopération monétaire, mais entre « l'acceptation d'un peu de flexibilité et coopération monétaire[33] ». Le choix se porte vers un scénario minimal, qui laisse aux États une large marge de manœuvre. Le nouveau chancelier allemand Willy Brandt, élu le 21 octobre 1969, place la coopération avec la France parmi les objectifs essentiels de sa politique étrangère, qu'il compte exercer

---

crédit) ; parallélisme entre le développement des compétences communautaires et le développement correspondant d'institutions européennes efficaces (renforcement du rôle du Parlement européen de la Commission et du système des banques centrales). Voir Gunter BAER et Tommaso PADOA-SCHIOPPA, « The Werner Report Revisited », *Collection of Papers*, Luxembourg, Committee for the Study of Economic and Monetary Union, avril 1989, p. 53-60 ; et Hans TIETMEYER, *Währungsstabilität für Europa. Beiträge, Reden und Dokumente zur europäischen Währungsintegration aus vier Jahrzehnten*, Baden-Baden, Nomos, 1996, p. 88-94.

[32] « Mémorandum sur la coordination des politiques économiques et sur la coopération monétaire au sein de la Communauté (12 février 1969) » *Bulletin de la Communauté économique européenne,* Communauté économique européenne, mars 1969, n° Supplément 3/69, Bruxelles, Office des publications officielles des Communautés européennes, p. 5-7 et 9-12.

[33] Gérard BOSSUAT, « Le président Georges Pompidou et les tentatives l'Union économique et monétaire », *in* Association Georges Pompidou (éd.), *Georges Pompidou et l'Europe. Colloque 25 et 26 novembre 1993*, Bruxelles, Complexe, 1995, p. 409.

à travers une diplomatie active. Brandt, dont les contacts avec Jean Monnet sont très suivis, était convaincu que la mise en place d'une véritable dimension monétaire ne pouvait qu'approfondir le processus d'intégration européenne, même si, à ses yeux, l'approfondissement de la Communauté semble moins important que son élargissement. D'un avis contraire, le ministre fédéral de l'Économie, Karl Schiller, ne partage pas l'enthousiasme du chancelier. Ce manque de consensus interne détermine la prudence du gouvernement allemand devant les projets économiques et monétaires européens. Les positions nationales imprègnent ainsi profondément les acteurs du groupe Werner. « Bien que [...] désignés en considération de leurs fonctions communautaires, leurs argumentations trahissaient de plus en plus les préoccupations de leurs gouvernements[34]. »

Les Allemands, avec, en première ligne, Johann-Baptist Schöllhorn (assisté par Hans Tietmeyer) défendaient la thèse du préalable chronologique du ministre Schiller[35]. Sur la même ligne se trouvent les Néerlandais (Gerard Brouwer) qui donnent la priorité aux mesures de politique économique. Le développement et la coordination systématique en matière économique et budgétaire conduiraient à la convergence des économies des États membres et au renforcement des plus faibles, avec, comme résultat final, un moindre recours à la solidarité monétaire. Un argument indéniable serait que l'ordre des mots dans la locution « union économique et monétaire » donne la marche à suivre. Dans cette logique, l'union monétaire devra venir après

---

[34] WERNER, *Itinéraires, op. cit.*, vol. 2, p. 124.
[35] Entre le sommet de La Haye et le début des travaux du comité Werner, trois gouvernements ont présenté des propositions pour la mise en œuvre de l'union économique et monétaire. Il s'agit des mémorandums belge (publié le 27 janvier 1970), allemand (publié le 17 février 1970) et luxembourgeois (publié le 23 février 1970), qui ont pris les noms de leurs promoteurs, en l'occurrence les ministres en charge des Finances des pays respectifs – le plan Snoy, le plan Schiller et le plan luxembourgeois, appelé aussi premier plan Werner. Le 18 mars 1970, la Commission des Communautés européennes réalise un comparatif entre les propositions avancées dans ces trois plans et dans le deuxième mémorandum Barre (publié le 4 mars 1970). Même si l'optique de ces quatre plans est différente, la Commission définit deux positions repères : d'une part le plan luxembourgeois, qui constitue l'approche « la plus purement monétaire » et, d'autre part, le plan allemand/ plan Schiller qui met le plus fortement l'accent sur le rôle des actions à entreprendre dans les divers domaines de la politique économique. Les autres plans présentent des caractéristiques intermédiaires.

l'union économique. S'y rallient les Italiens (Gaetano Stammati), dont la vision imprégnée à la fois des tendances économistes et monétaristes, évolue dans le temps[36].

De leur côté, les Français (Bernard Clappier, assisté par Jean-Michel Bloch-Lainé), appuyés par les Belges (le baron Ansiaux), estiment que la primauté revient au volontarisme monétaire. Ils accordent la priorité aux décisions rapides sur les marges de fluctuation entre les monnaies européennes et à l'institution d'un fonds de réserve. Fondée sur la garantie d'un système communautaire à taux fixes, l'union monétaire préservera la souveraineté nationale dans le domaine de la politique économique et financière. L'intégration économique n'est plus un préalable, mais une conséquence. Car, en raison du mécanisme qui joue sur le plan conjoncturel et monétaire, se produirait un alignement forcé, automatique, sur le niveau conjoncturel moyen du moment. L'Allemagne réfute ce principe, contraire aux intérêts des pays engagés sur la voie de la stabilité. Elle considère que la France, minée par des crises de balances de paiements, agit en faveur de l'union monétaire pour résoudre ses problèmes sans devoir réformer sa politique économique. Et surtout, en comptant sur les réserves européennes qui seraient essentiellement allemandes. Par conséquent, une union monétaire sans harmonisation économique est vouée à l'échec ou à l'abandon en cours de route.

La question d'une instance décisionnelle supranationale pour la politique économique et monétaire est un autre sujet controversé. Préconisant la coordination des budgets nationaux, l'Allemagne évoque la mise en place d'une autorité politique à côté de la future banque centrale. L'élargissement des pouvoirs des institutions communautaires n'est pas du goût de la France, qui s'y oppose pour éviter une trop forte amputation de la souveraineté nationale.

Le rapport Werner donne la définition complète de l'Union économique et monétaire. L'objectif final est d'aboutir à la convertibilité irréversible des monnaies des États membres, à la libération totale des mouvements de capitaux et à la fixation irrévocable des taux de change, voire au remplacement des monnaies nationales par une monnaie unique.

---

[36] *Cf.* Ivo MAES, « Projets d'intégration monétaire à la Commission européenne », *in* Éric BUSSIÈRE et Michel DUMOULIN (dir.), *Milieux économiques et intégration européenne en Europe occidentale au XXe siècle*, Arras, Artois Presses Université, 1998, p. 35-50.

La politique monétaire à l'égard du monde extérieur sera du ressort communautaire. Le plan prévoit trois étapes étalées sur dix ans (1971-1980), avec, comme résultat final, l'avènement d'une communauté de prospérité et de croissance. L'adoption d'une monnaie unique garantira l'irréversibilité de l'entreprise. Dans le souci de renforcer la cohésion des pays membres dans la conduite de leurs relations monétaires, un fonds de stabilisation des changes doit voir le jour. Il sera également à même de faciliter le parcours des différentes étapes de l'unification monétaire dans un équilibre harmonieux entre ses progrès monétaires et ses progrès économiques[37]. Le rapport Werner préconise la création d'un « centre de décision pour la politique économique » placé sous le contrôle démocratique du Parlement européen (élu au suffrage universel), ainsi que d'un « système communautaire de banques centrales ». L'accomplissement de cet objectif nécessite le développement progressif de la coopération politique. L'union économique et monétaire s'avère ainsi comme un ferment pour le développement de l'union politique dont elle ne pourra, à la longue, se passer. Pour la mise en place des politiques communautaires, la consultation régulière des partenaires sociaux est de mise.

Le plan par étapes recèle pourtant certaines faiblesses intrinsèques. Il s'agit, notamment, du fait qu'il est élaboré dans une logique de parités fixes (pourtant ajustables), alors que les premiers craquements du système de Bretton Woods faisaient déjà leur apparition. Il est également question de son caractère relativement schématique dans la définition des deuxième et troisième étapes de l'Union économique et monétaire, ainsi qu'en matière d'architecture institutionnelle. Pourtant, ces reproches ne sont pas entièrement convaincants. Le comité Werner était conscient d'emblée des limites imposées par la brève durée de ses

---

[37] Dans la perspective de l'introduction d'une monnaie commune, d'une solidarité monétaire sur la scène internationale et afin d'appuyer les mesures de la première étape, le comité Werner sollicite la réflexion du Comité des gouverneurs des banques centrales. Celui-ci émet un avis technique sur des sujets monétaires spécifiques, qui tout en gardant son caractère de document individuel, fera partie intégrante du rapport final. Il s'agit de l'annexe V, intitulée « Rapport transmis par le Comité des gouverneurs des banques centrales de la CEE sur les questions posées par le comité ad hoc présidé par M. le Premier ministre Werner et annexes », *Rapport au Conseil et à la Commission concernant la réalisation par étapes de l'union économique et monétaire dans la Communauté (rapport Werner)*, Luxembourg, 8 octobre 1970, supplément au *Bulletin 11/1970*, p. 41-65.

travaux (prévus initialement pour se dérouler de mars à mai, et étendus ensuite jusqu'en octobre 1970). Dans l'impossibilité d'examiner en profondeur toutes les questions d'intérêt, les experts adoptent un schéma de réflexion comportant la description du point de départ (situation du moment), du point d'arrivée (une union économique et monétaire complète et irréversible), ainsi que les principes de réalisation du plan[38]. Vu l'horizon long dans lequel la réflexion est menée et le grand nombre d'impondérables qui en découlent, ils réduisent le périmètre de leurs conclusions à la définition de la première étape et aux actions concrètes dans différents domaines. Tout en évoquant la nécessité de la formulation centrale des politiques économique et monétaire (quitte à ce que le pouvoir de décision reste aux mains des structures existantes), le comité Werner se garde, dès le début, de faire des propositions en matière de structures politiques.

Après avoir pris officiellement connaissance du rapport Werner final, la Commission de la CEE soumet au Conseil, le 29 octobre 1970, ses propres propositions relatives à l'édification de l'Union économique et monétaire[39]. Répondant aux critiques pointant le caractère moins ambitieux des mesures envisagées par la Commission, Raymond Barre fait une parallèle avec le rapport Werner. « D'une part, nous avons un rapport, dont nous avons dit, dans notre projet de communication au Conseil, qu'il était une contribution essentielle à la construction de l'Union économique et monétaire. D'autre part, nous avons des propositions. Les propositions n'ont pas la même nature qu'un rapport. Des propositions doivent être précises dans le fond, précises dans la forme et précises quant aux périodes de temps au cours desquelles des

---

[38] Cette méthode de travail basée sur le triptyque « point de départ, point d'arrivée, voies alternatives », qui a profondément imprégné le plan par étapes, émanait de Pierre Werner, qui, puisant probablement son inspiration dans la méthode de la mise en place du Marché commun, l'avait proposée lors de la réunion préliminaire du groupe qui s'est tenue le 6 mars 1970 à Luxembourg. En fait, il s'agit de la méthode qui a présidé à l'élaboration du « plan luxembourgeois d'intégration monétaire européenne », rendu public lors de la réunion des ministres des Finances tenue à Paris le 24 février 1970.
[39] « Communication et propositions de la Commission des Communautés européennes au Conseil relatives à l'institution par étapes de l'Union économique et monétaire », document COM(70)1250, 29 octobre 1970, *Journal officiel des Communautés européennes*, annexe C 140 du 26 novembre 1970, supplément au *bulletin 11/1970*, Luxembourg, 11 novembre 1970.

actions doivent être réalisées. Tel est le sens du projet de résolution et des propositions soumis au Conseil et qui l'ont été parce qu'il était de la responsabilité de la Commission de faire des propositions au Conseil[40]. » Il est utile de rappeler que la Commission fonde sa réflexion sur le rapport intermédiaire (approuvé par les États membres le 9 juin 1970) et occulte, de ce fait, la problématique très sensible, introduite par le rapport final, de la communautarisation de la politique économique et de la nouvelle architecture institutionnelle.

Au-delà de leurs opposition et différences de doctrine et d'action politique, à l'aube des années 1970, le couple franco-allemand « juge alors prioritaire l'européanisation du marché commun à travers l'agrandissement et secondaire l'européanisation économique et monétaire[41] ». L'enjeu consiste plutôt à poser les premiers jalons d'un espace de consensus, d'une entente entre deux logiques économiques et monétaires situées aux antipodes. Ce comportement tactique commun est imprégné par leurs intérêts nationaux respectifs, mais aussi par le fait que les négociations d'élargissement entre la Communauté économique européenne et les quatre candidats – la Grande-Bretagne, l'Irlande, le Danemark et la Norvège – occupent les esprits. Le plan Werner est élaboré sous le signe de cet accord de façade sur l'approfondissement monétaire de l'intégration européenne. Mais les dissonances perdurent et ne tardent pas à se manifester dès qu'il est question d'engagement commun.

En Allemagne, le rapport Werner, considéré sérieux et équilibré, suscite des réactions positives. Au Bundestag, Willy Brandt le désigne comme « la nouvelle Magna Carta de la Communauté européenne[42] ». D'ailleurs, dans une lettre adressée au ministre Schiller quelques jours après la présentation du plan par étapes, le chancelier se montre convaincu de la portée du document pour l'intégration européenne. Son adoption rapide par le Conseil des ministres de la Communauté,

---

[40] Intervention de Raymond Barre, bande 218, transcription, Commission économique du Parlement européen, réunion des 28-29 septembre 1970 à Bruxelles, p. 11 (*Archives familiales Pierre Werner*, réf. PW 048).

[41] Robert FRANK, « Pompidou, le franc et l'Europe 1969-1974 », *in* Association Georges Pompidou (éd.), *Georges Pompidou et l'Europe…*, *op. cit.*, p. 349.

[42] Lettre de Willy Brandt à Karl Schiller, 21 octobre 1970, Archives historiques de la Bundesbank, n° 2, vol. 156.

si possible avant la fin de 1970, est à ses yeux « très probablement la décision la plus importante depuis la signature des traités de Rome[43] ». En réalité, « la seule motivation de la position allemande à l'égard du plan Werner est sa préoccupation de sauvegarder la stabilité de l'économie et de la monnaie allemande[44] ».

En France, la substance des débats autour du plan Werner est différente. Le président Pompidou considère que le transfert de compétences essentielles en matière monétaire envers des institutions communautaires (tel qu'envisagé dans la deuxième étape) n'est ni réaliste, ni souhaitable. « Il y a des termes incroyables dans le rapport Werner. C'est croire qu'on a agité le chiffon rouge devant nous pour savoir si nous étions des veaux ou des taureaux[45]. » Seule la coopération économique et financière, prévue dans la première étape semble avoir du sens. Paris veut prendre le moins d'engagements possibles quant aux développements futurs. La monnaie commune, l'essence même de l'intégration monétaire, est ainsi mise en cause. Ce désaveu du rapport Werner apparaît d'autant plus surprenant qu'il avait été élaboré avec la participation des représentants français, tout comme le rapport intérimaire qui avait recueilli l'accord des ministres français. On sait que le président Pompidou donna explicitement l'ordre de ne pas conclure les négociations, comme prévu, à la réunion du Conseil des ministres de Bruxelles, le 14 décembre 1970, pour exprimer son désaccord aux « farceurs européens qu'il croyait identifier en particulier parmi les hommes politiques des pays du Benelux[46] ».

L'adoption du rapport Werner n'échappe donc pas aux mésententes franco-allemandes. Présidant le Conseil des ministres de la CEE au

---

[43] Voir Andreas WILKENS, « Une tentative prématurée ? L'Allemagne, la France et les balbutiements de l'Europe monétaire (1969-1974) », *in* Élisabeth DU RÉAU, Robert FRANK et Anne DEIGHTON (dir.), *Dynamiques européennes. Nouvel espace. Nouveaux acteurs. 1969-1981*, Paris, Publications de la Sorbonne, 2002, p. 77-103.

[44] Télégramme diplomatique du 27 janvier 1971 rédigé par l'ambassadeur du Luxembourg en République fédérale d'Allemagne faisant état de ses discussions avec le secrétaire d'État allemand von Braun, Archives familiales Pierre Werner, réf. PW 048.

[45] Le président Pompidou ajoute ensuite: « acceptons néanmoins ce vocabulaire qui fait partie de l'espérance européenne » (source : Compte rendu du conseil restreint du mercredi 18 novembre à 15 h 30 consacré aux affaires européennes, Archives françaises, 5 AG 2, vol. 1043, point II).

[46] WILKENS, *art. cit.*, p. 94.

deuxième semestre de 1970, l'Allemagne souhaite trouver l'accord nécessaire pour la mise en œuvre de la première étape de l'union économique et monétaire. Les contradictions s'accentuent au fur et à mesure, car la France réfute toute idée de construction institutionnelle supranationale. Dans la perspective d'une inévitable impasse prolongée au-delà de la fin de l'année, émerge une proposition qui avait déjà fait ses preuves lors du « compromis de Luxembourg » : arrêter symboliquement la montre au 31 décembre 1970 à minuit. Quelle meilleure expression de la volonté politique du Conseil – et de la présidence allemande – d'aller de l'avant ? Bonn décline cette éventualité sous prétexte d'impossibilité technique[47]. L'attitude des ministres allemands suscite beaucoup d'interrogations, car cette prudence soudaine contraste avec leur engagement personnel de la première heure en faveur du plan par étapes. Par ce geste hautement politique, la présidence allemande entend signifier qu'il appartient maintenant à ceux qui sont à l'origine du blocage de prendre leurs responsabilités. Devant la presse, Karl Schiller remarque que la grande majorité des pays membres voulaient l'adoption rapide du rapport Werner pour se conformer aux décisions de La Haye, « mais d'autres ont d'autres opinions, se basent sur d'autres critères et avancent des conditions préalables. [...] L'esprit de La Haye n'a pas toujours été respecté[48]. » Au 1er janvier 1971, les rênes de la présidence semestrielle passent à la France. En cette qualité, il lui appartient de fixer les ordres du jour et les priorités des prochaines sessions du Conseil. Or, pour Paris, l'union économique et monétaire n'est pas une urgence. La finalisation des débats doit encore attendre.

Pour dénouer ce blocage, en sa qualité de Premier ministre du Luxembourg, mais avec la plume du président du comité d'experts, le 29 décembre 1970, Pierre Werner écrit aux cinq chefs de gouvernement.

---

[47] Déclaration de Karl Schiller à la fin de la session du Conseil des ministres. Communication à la presse, Bruxelles, 15 décembre 1970 (Archives familiales Pierre Werner).

[48] *Ibid.*, déclaration de Karl Schiller, communication à la presse, Bruxelles, 15 décembre 1970 (Archives familiales Pierre Werner). La déclaration présentée en séance par la Commission (et annexée au procès-verbal de la session du Conseil) va dans le même sens : « La Commission regrette tout d'abord que le calendrier fixé par le communiqué de La Haye n'ait pas été respecté et qu'une grande décision politique n'ait pas eu son couronnement pratique comme il aurait été possible. » (*Bulletin des C.E.*, février 1971, 2-1971, p. 54).

Préoccupé par les difficultés de la mise en route de l'union économique et monétaire, il exprime sa confiance dans une solution rapide et unanimement acceptable[49]. Dans sa réponse du 1er février 1971, Willy Brandt traite des perspectives du plan par étapes à la lumière du sommet franco-allemand de la fin janvier 1971[50]. Qualifiant le rapport Werner de « document stratégique fondamental », le chancelier réaffirme la volonté politique commune des Allemands et des Français de progresser sur ce dossier. Il ne manque pas de passer en revue les divergences de vues entre les deux partenaires, notamment la « clause de prudence[51] », ainsi que leur incapacité à aboutir à une position commune. Il se montre toutefois confiant dans l'idée que ces débats seront profitables par la suite.

En effet, sur l'agenda du quinzième sommet franco-allemand réuni à Paris les 25 et 26 janvier 1971, la question de l'union économique et monétaire occupe une place de choix. Pierre Werner est informé de suite de la teneur des pourparlers[52]. La France accepte que certaines compétences soient transférées à la Communauté lors de l'étape finale. En revanche, elle rejette toute idée de modification structurelle du processus décisionnel, si chère aux Allemands et aux Néerlandais, ainsi que toute modification du traité de Rome, toute atteinte à la

---

[49] Schreiben des luxemburgischen Ministerpräsident vom 29. Dezember 1970 an den Bundeskanzler, Chancellerie fédérale, groupe II/1, Bonn, le 5 janvier 1971, (copie provenant des archives fédérales, Coblence. BArch B 102 (Bundesministerium für Wirtschaft)/161037).

[50] Lettre de Willy Brandt à Pierre Werner, 1er février 1971, Archives familiales Pierre Werner, réf. PW 048.

[51] La « clause de prudence », valable à partir de la deuxième étape de l'Union économique et monétaire, signifierait que si un pays se refuse à suivre les recommandations de la Communauté en vue de son assainissement économique, chacun des partenaires pourra se soustraire à son obligation de concours mutuel à son égard.

[52] Gaston Thorn transmet à Pierre Werner un rapport diplomatique daté du 27 janvier 1970 et rédigé par l'ambassadeur du Luxembourg en République fédérale d'Allemagne. Faisant état des discussions du diplomate luxembourgeois avec le secrétaire d'État allemand von Braun ; ce rapport expose les propos de ce dernier quant aux conclusions du sommet franco-allemand en matière d'union économique et monétaire. Sur ce télégramme diplomatique, le ministre des Affaires étrangères nota « À M. le Ministre d'État, pour son information. Ce rapport concernant essentiellement l'union économique et monétaire ne manquera pas de vous intéresser. Je viens de les réunir le 28 à 17 h 00 et vu l'importance, je vous le fais porter. » Archives familiales Pierre Werner, réf. PW 048.

prédominance du Conseil des ministres et à la règle de l'unanimité (pour les questions importantes). Le principe du parallélisme autour duquel s'articule le rapport Werner est substantiellement modifié. Sous pression allemande, les Français acceptent un futur système autonome des banques centrales européennes, mais demeurent opposés à un centre de décision pour la politique économique pour la phase finale de l'Union économique et monétaire[53]. L'extension de la méthode communautaire est donc rejetée dans le domaine de l'union économique et c'est aux gouvernements des États membres qu'incombe l'harmonisation, par concertation, de leurs politiques économiques. En contrepartie, les Allemands acceptent que soit procédé, dès la première étape, à la réduction des marges de fluctuation des changes, à l'institution d'un dispositif de soutien monétaire, ainsi qu'à la création d'un Fonds européen de coopération monétaire. Ils obtiennent également satisfaction sur un principe défendu dans le plan Schiller du 2 février 1970 : le passage de la première à la seconde étape ne sera pas automatique. Les deux partenaires conviennent que s'ils ne parviennent pas à un accord sur l'étape finale, sur ses implications économiques et institutionnelles, les mesures préconisées pour la première étape, notamment la réduction des marges de fluctuation, seront abandonnées[54].

Début février 1971, réunis en conseil sous la présidence de Maurice Schumann, les ministres trouvent un accord minimaliste sur la réalisation de l'union économique et monétaire. Le renforcement de la collaboration entre les banques centrales des États membres, ainsi que celui de la coordination des politiques économiques sont également

---

[53] *Cf.* « Gespräch des Bundeskanzlers Brandt mit Staatspräsident Pompidou in Paris, 25. Januar 1971 », doc. 27. ZA 5-3.1/71, secret, *Akten zur Auswärtigen Politik der Bundesrepublik Deutschland. 1971. Band I (1. Januar bis 30 April),* Munich, R. Oldenburg Verlag, 2002, p. 115-123.

[54] « Débat de politique étrangère au Bundestag : Union économique et monétaire », télégramme diplomatique à l'arrivée n° 601/09, Bonn, 30 janvier 1971, ministère des Affaires étrangères et européennes de la République française, Centre des archives diplomatiques de la Courneuve, Fonds CE, direction des Affaires économiques et financières, service de coopération économique, série PM, vol. 972, section UEM/Relations bilatérales, dossier PM 19.3. Voir aussi l'interview de Jacques de Larosière, « Les réactions en France après la sortie du rapport Werner (Paris, 22 mai 2008) », sur www.cvce.eu.

évoqués. Cette réunion marque aussi la dissolution *de facto* du comité Werner[55].

Le 22 mars 1971, le projet d'union économique et monétaire est officiellement entériné[56]. L'évolution du système monétaire international, en plein désarroi suite à la décision américaine de suspendre la convertibilité du dollar à la mi-août 1971, va cependant contrarier l'ambition commune du rapport Werner, déjà fragilisée par l'absence de réelle volonté politique. Bientôt, la mise en route du plan par étapes ne tardera pas à être suspendue.

Le rapport Werner : artisans dans l'ombre de part et d'autre

Malgré ses imperfections, le rapport Werner du 8 octobre 1970 ébauche les éléments indispensables à la définition d'une Union

---

[55] Lors de la réunion du conseil des ministres des 8 et 9 février 1971, « on put se mettre d'accord en convertissant la clause de sauvegarde négative en une clause positive, donnant aux dispositifs monétaires une durée de cinq ans et garantissant leur reconduction en cas d'accord sur le reste. [...] L'union était lancée en se basant dans l'essentiel sur les propositions du rapport, dont la mise sur pied n'était pas allée sans peine. L'essentiel pour moi à ce moment, c'était les mesures à prendre pour accuser la spécificité monétaire de la Communauté dans un univers monétaire de plus en plus tumultueux. [...] La tâche du groupe de travail était achevée. Il ne fut plus convoqué ou rétabli dans l'avenir » (WERNER, *Itinéraires...*, *op. cit.*, vol. 2, p. 136).

[56] « Résolution du Conseil et des représentants des gouvernements des États membres concernant la réalisation par étapes de l'Union économique et monétaire dans la Communauté, 22 mars 1971 », *Journal officiel des Communautés européennes*, 27 mars 1971, n° C 28. Le programme de réalisation de l'Union économique et monétaire par étapes est appuyé par trois décisions spécifiques. La première est relative au renforcement de la coordination des politiques à court terme, comprenant notamment trois examens annuels de la situation des pays membres. La deuxième concerne le renforcement de la collaboration entre les banques centrales, étant axée sur la coordination des politiques en matière de monnaie et de crédit. La troisième porte sur la mise en place de concours financier à moyen terme. Le parallélisme des mesures à prendre devrait être sauvegardé. Par ailleurs, les banques centrales avaient été invitées à entreprendre, sur une base expérimentale et officieuse, le rétrécissement des marges de fluctuation des changes à partir du mois de juin 1971. Les 19, 20 et 21 octobre 1972, les chefs d'État ou de gouvernement de la Communauté élargie réunis à Paris, confirment officiellement l'objectif de l'Union économique et monétaire à être réalisé le 31 décembre 1980 au plus tard. Ils réaffirment « le principe de progrès parallèles dans les différents domaines de l'Union économique et monétaire ». *Cf.* « Déclaration du sommet de Paris (19 au 21 octobre 1972) », section IV : Politique économique et monétaire, *Bulletin des Communautés européennes*, octobre 1972, n° 10, Luxembourg.

économique et monétaire complète et met en lumière ses vrais problèmes. Cette réflexion, dont la pérennité sera confirmée par le rapport Delors et surtout le consensus autour d'une vision commune, n'aurait pas pu aboutir sans certaines implications décisives[57]. Il s'agit des acteurs directs du comité Werner, dont notamment Pierre Werner, Walter Schöllhorn, Bernard Clappier, Hubert Ansiaux et, bien entendu, Raymond Barre. Mais il s'agit également d'actions déterminantes menées dans l'ombre pour l'apaisement du chassé-croisé franco-allemand. Leurs protagonistes sont Pierre Werner, Jean Monnet, Robert Triffin ou encore Bernard Clappier. Attardons-nous sur ces dernières.

Durant les travaux du groupe *ad hoc*, Werner se montre particulièrement actif au sein du Comité Monnet. Les échanges publics et confidentiels avec Monnet, ainsi qu'avec Triffin, sont très intenses à partir de mai 1970, dès que le rapport intérimaire se dessine[58].

Ils œuvrent ensemble pour les influences à activer – notamment auprès des Allemands et des Néerlandais qui manifestaient la plus grande réticence au sujet des positions communes – pour que les travaux du groupe Werner, plusieurs fois dans l'impasse, puissent aboutir. Monnet avait une grande proximité avec le chancelier allemand. Fédéraliste convaincu et membre du Comité d'action pour les États-Unis d'Europe, Brandt le consulte au sujet de l'union économique et monétaire. C'est ainsi qu'au sommet de La Haye, tel que rappelé par Werner dans ses mémoires, « le chancelier Brandt proposait d'étudier la possibilité de réaliser un fonds commun des devises, un fonds de réserves monétaires,

---

[57] « Dans le rapport du comité Delors […] nous nous sommes mis d'accord sur les trois phases, reprises du rapport Werner : première phase, consacrée au renforcement de la coordination, à partir du 1er juillet 1990 ; deuxième phase de transition vers la phase finale, préparant les institutions définitives de l'Union économique et monétaire ; phase finale où seraient fixés irrévocablement les taux de change des monnaies entre elles et avec la monnaie unique. » Jacques Delors, *Mémoires*, Paris, Plon, 2004, p. 338.
[58] Archives familiales Pierre Werner, notamment conformément aux documents présents dans les cartons réf. PW 036, intitulé « 1962-1971. La monnaie de compte. L'unité de compte. Le dollar comme monnaie de réserve », réf. PW 046, intitulé « L'intégration monétaire de l'Europe 1962-1969 », réf. PW 047, intitulé « Groupe Werner : Antécédents, préparatifs et réunions 1968-1970 », réf. PW 048, intitulé « Intégration monétaire de l'Europe. Le Plan Werner : 1970 », et réf. PW 054, intitulé « 1972-1973. Union Économique et Monétaire. Fonds Européen de Coopération Monétaire ».

inspiré par le professeur Triffin, à la suggestion de Jean Monnet[59] ». D'ailleurs, dans une lettre datée du 27 novembre 1969, Brandt fait part à Pompidou des objectifs du sommet qu'il estime prioritaires. À côté du règlement définitif du financement de la politique agricole et des négociations pour l'adhésion britannique, la mise en place de ce fonds occupe une place de choix.

Au sein du comité d'experts, Werner s'intéresse de près à la problématique du fonds de stabilisation des changes et du fonds de réserve, qui le préoccupe depuis quelques années. Dès l'été 1961, sans être encore membre du Comité Monnet, mais en contact direct avec son président, Werner est familier avec la proposition visant la création d'une union européenne des réserves monétaires des Six, prélude à une politique monétaire et une monnaie communes. Le plan luxembourgeois du 24 février 1970 – qui repose sur des thèses que Werner a développées depuis 1962 – préfigure la création d'un fonds de réserve dès la première étape de l'union économique et monétaire[60]. Les Français (Bernard Clappier) et les Belges sont sur la même longueur d'onde et le baron Ansiaux fait de cette idée son principal cheval de

---

[59] « Le 31 octobre 1969, Monnet faisait parvenir au chancelier, à peine installé dans ses fonctions, un mémorandum détaillé sur les avantages et le fonctionnement pratique du Fonds européen. Une semaine plus tard, le 7 novembre, Brandt et Monnet eurent une discussion étendue à Bonn au cours de laquelle Monnet s'employa à dissiper quelques doutes que son interlocuteur nourrissait à propos de la réaction des experts allemands […]. Le 9 novembre, dans une note manuscrite, Brandt résumait lui-même les fonctions et les objectifs du Fonds européen tout comme les controverses qu'il n'allait pas manquer de susciter… » (Andreas WILKENS, « L'Allemagne et le projet d'union économique et monétaire (1969-1972) », in Gérard BOSSUAT et Andreas WILKENS (dir.), *Jean Monnet, l'Europe et les chemins de la paix*, Paris, Publications de la Sorbonne, 1999, p. 466-467 ; voir aussi Ivo MAES, « Projets d'intégration européenne à la Commission européenne au tournant des années 1970 », in Éric BUSSIÈRE, Michel DUMOULIN et Sylvain SCHIRMANN (dir.), *Milieux économiques et intégration européenne en Europe occidentale au XXe siècle. La relance des années quatre-vingts (1979-1992)*, Paris, Comité pour l'histoire économique et financière de la France, 2007, p. 38.
[60] Pierre WERNER, « L'Europe en route vers l'Union Monétaire », *Bulletin de documentation*, 28 février 1970, n° 1, Luxembourg, Service Information et Presse, ministère d'État du Grand-Duché de Luxembourg, p. 5-12. Sans être encore membre du Comité Monnet, mais en contact direct avec son président, Werner est au courant dès l'été 1961 de la proposition visant la création d'une union européenne des réserves monétaires des Six, qui n'est que le prélude à une politique monétaire commune et une monnaie commune.

bataille⁶¹. D'ailleurs, ce sujet est l'illustration de l'affrontement entre « économistes » et « monétaristes » qui émaille le plan par étapes. Dès que Johann Baptist Schöllhorn expose au comité Werner sa vision fondée sur la primauté de l'union économique (et qui reflète fidèlement la position officielle allemande), le baron Ansiaux propose une approche alternative. Il lance la piste d'un fonds de stabilisation des changes et propose d'analyser les avantages et les inconvénients de sa mise en place dès la première étape. La controverse est ouverte et les débats, réorientés. La convergence de vues sur les objectifs et stratégies à adopter, ainsi que la complicité intellectuelle de longue date entre Werner et Ansiaux sont pour beaucoup dans la mise en valeur du Comité des gouverneurs des banques centrales comme autorité monétaire communautaire en puissance⁶², ainsi que dans la définition des contours du Fonds européen de coopération monétaire⁶³.

Quand le comité Werner produit son rapport intermédiaire (20 mai 1970), le fonds européen de stabilisation des changes suscite toutes

---

⁶¹ Archives familiales Pierre Werner, « Note technique confidentielle "exposant le fonctionnement et les mérites d'un Fonds européen de régularisation des changes" », lettre du 24 avril 1970 adressée par le gouverneur de la Banque nationale de Belgique, le baron Hubert Ansiaux, à Pierre Werner, président du Gouvernement Grand-Ducal et annexe confidentielle relative à un « Fonds européen de régularisation des changes. »

⁶² Archives familiales Pierre Werner, lettre du président du Comité des gouverneurs des Banques centrales, Hubert Ansiaux, à Pierre Werner, Président du gouvernement, ministre des Finances, Bruxelles, 16 juin 1970 (réf. PW 048, intitulé « Intégration monétaire de l'Europe. Le Plan Werner : 1970 »). Dans la perspective de l'introduction d'une monnaie commune, et d'une solidarité monétaire sur la scène internationale, et afin d'étayer les mesures à implémenter au cours de la première étape, le comité des gouverneurs des banques centrales – sous l'incitation de Pierre Werner et suite une stratégie mise au point avec le baron Ansiaux – émet un avis technique sur des sujets monétaires spécifiques. L'avis mettra en exergue tant le gradualisme, que l'irréversibilité d'une union économique et monétaire et appuiera ainsi la colonne de résistance du rapport Werner.

⁶³ Des années plus tard, dans le contexte de l'élaboration du rapport Delors, le Comité des gouverneurs, qui sera amené à assumer le rôle essentiel, conclura que « jusqu'à l'époque du rapport Werner [...], les États membres avaient conservé la perspective d'une union économique, en tout cas d'un marché commun, qu'ils jugeaient réalisable moyennant le recours, en matière monétaire, à la seule coordination de leurs politiques ; à partir du rapport Werner, ils ont admis que l'union économique ne pourrait se faire si l'on ne réalisait pas progressivement l'union monétaire. » ; voir Hubert ANSSIAUX et Michel DESSART, *Dossier pour l'histoire de l'Europe monétaire 1958-1973*, Bruxelles, 1975.

les passions. Les Allemands, appuyés par les Néerlandais, radicalisent leur position en affirmant que rien ne peut être accompli sur le plan monétaire avant qu'une parfaite convergence des politiques économiques n'ait été obtenue. Les espoirs d'un consensus autour d'une position commune s'amenuisent de plus en plus. Pour trouver un apaisement, Werner consulte Monnet et les deux hommes ébauchent ensemble un argumentaire devant être transmis au chancelier allemand[64]. Monnet estime qu'il ne faut pas brusquer une décision sur le fonds et que Werner, à un moment opportun, doit s'entretenir directement avec Brandt. Mais entre le chancelier et le gouvernement fédéral persistent des différences de vues et la prise des décisions incombe au gouvernement. Poursuivant leur dialogue confidentiel, Werner sollicite Ansiaux, réputé très proche du professeur Triffin et de sa réflexion. Ansiaux écrit aussitôt à Triffin pour solliciter ses bons offices auprès des récalcitrants, car « des progrès parallèles peuvent être accomplis aussi bien dans le domaine monétaire, que dans le domaine économique et que des progrès parallèles sur le plan monétaire sont de nature à soutenir ceux qui doivent être réalisés sur le plan économique[65] ». Il exhorte Triffin « [...] à faire admettre l'idée [d'un fonds européen de stabilisation des changes] par les Allemands. Les Hollandais une fois isolés se rendront in fine tout en se montrant très difficiles dans les négociations[66]. » Les efforts de Triffin ont payé, car l'accord des experts autour du rapport intermédiaire est finalement trouvé. Ansiaux n'omet pas d'informer Werner que « Jean Monnet n'a jamais sorti son papier et son intervention auprès des Allemands a été nulle[67] ». Les échanges avec Monnet et Ansiaux se poursuivront jusqu'à l'adoption du rapport final, dans l'approbation duquel les médiations confidentielles menées auprès des Allemands s'avèrent fructueuses.

Werner confie également à Clappier certaines missions confidentielles vouées à contribuer au consensus final[68]. Clappier,

---

[64] Archives familiales, lettre de Jean Monnet à Pierre Werner, 26 mai 1970, réf. PW 048, intitulé « Intégration monétaire de l'Europe. Le Plan Werner : 1970 ».
[65] Archives familiales Pierre Werner, réf. PW 048, lettre du baron Ansiaux, gouverneur de la Banque nationale de Belgique, au professeur Robert Triffin, Berkeley College, Yale University, New Haven, Connecticut, Bruxelles, 23 juin 1970.
[66] *Ibid.*
[67] *Ibid.*
[68] Bernard Clappier apporte une contribution importante au plan par étapes, aussi

dont les convictions européennes étaient reconnues, « a su désarmer les méfiances et réduire les agacements que la France, à raison de ce qu'elle est et de ce qu'elle veut suscite fréquemment ; il a su faire cela sans jamais rien céder d'important. L'une des principales difficultés de son rôle était d'être celui qui, au sein du comité, incitait le plus [...] à progresser sur le volet monétaire, champ où, par définition, les avancées frôlent ou touchent les points les plus sensibles de la souveraineté nationale. Or, M. Clappier était tenu impérativement de ne rien accepter en la matière sur le plan institutionnel[69]. » Le président du comité monétaire examine régulièrement ces questions avec Valéry Giscard d'Estaing, en charge de présenter le rapport Werner devant le président Pompidou et le gouvernement, profondément divisé à ce sujet[70]. Giscard suggère que le gouvernement donne d'abord son feu vert à la première étape et soumette les étapes suivantes à une approbation ultérieure. L'idée du transfert de compétences monétaires vers les institutions communautaires, prévu dans la deuxième étape, est considérée inacceptable. Pour cette raison, Giscard d'Estaing recommande de soutenir une coopération monétaire renforcée entre

---

bien en matière de politique monétaire interne (y compris à travers des propositions qu'il élabore conjointement avec Ansiaux), que d'individualisation monétaire de la Communauté. Voir « Verbatim d'interventions de Monsieur Ansiaux et de Monsieur Clappier », réunion du groupe *ad hoc*, plan par étapes du 7 avril 1970, Bruxelles, 10 avril 1970, confidentiel, réf. ORII/28/70F (Archives familiales Pierre Werner réf. 048) ; et lettre personnelle du baron Ansiaux, président du Comité des gouverneurs des banques centrales, adressée à Pierre Werner, ministre des Finances. Bruxelles : 4 août 1970 (Archives familiales Pierre Werner, réf. PW. 048).

[69] Jean-Michel BLOCH-LAINE, « Le plan Werner : Quels enjeux ? Quelle démarche ? », *in* Comité pour l'histoire économique et financière de la France, *Le rôle des ministères des Finances et de l'Économie...*, *op. cit.*, p. 123-126.

[70] « Il s'est trouvé que M. Clappier a eu la courtoisie de tenir au courant [le gouvernement français] de ce qui se passait, mais il n'avait pas, bien entendu, de compétence liée. » *Cf.* Jean-René BERNARD, « La position du gouvernement français face au plan Werner », *in* Comité pour l'histoire économique et financière de la France, *Le rôle des ministères des Finances et de l'Économie...*, *op. cit.*, vol. 2, p. 127-132. Cette conduite n'est pas isolée. L'exploration de la *Bundesarchiv* témoigne d'une grande richesse des communications (analyses, explications détaillées, commentaires sur des prises de positions, etc., mais aussi des demandes d'instructions) que les experts allemands (notamment Hans Tietmeyer, adjoint du président du comité de politique économique à moyen terme Johann Baptist Schöllhorn) envoyaient par voie diplomatique au ministère fédéral de l'Économie, ainsi qu'aux Affaires étrangères et à la Bundesbank.

les banques centrales des États membres, de nature à atténuer la portée de ces transferts de souveraineté. L'architecture politique de l'union économique et monétaire est une question de perspective. Dans ses mémoires, Werner se souvient que « […] le président Pompidou, après la lecture de quelques passages chauds du rapport se fâcha et, à ce qu'il paraît, demanda des explications aux membres français du groupe ». Refusant de s'attaquer au fond de la problématique institutionnelle communautaire et de fixer des délais, la France choisit un schéma minimal de l'union économique et monétaire.

La collaboration fructueuse entre Werner et Clappier s'exerce aussi auprès des milieux politiques et économiques américains[71]. Les travaux du comité Werner sont suivis avec attention à Washington et reflétés dans la presse, surtout après l'adoption du rapport intérimaire. Werner a des contacts réguliers avec les autorités fédérales et politiques. Ses bonnes relations avec les milieux financiers outre-Atlantique, établies depuis les années 1950, avec des banquiers luxembourgeois présents aux États-Unis, ainsi qu'avec les ambassadeurs américains au Luxembourg (plus particulièrement avec Kingdon Gould) lui offrent autant d'opportunités pour sonder les perceptions sur la dimension internationale intrinsèque du plan par étapes. Werner a des échanges ciblés avec le président du

---

[71] Les archives familiales Werner montrent que Werner et Clappier confèrent régulièrement avec des hauts diplomates de Washington, notamment après l'adoption du rapport intérimaire. La perception des Américains est que ce document arrive à concilier des approches divergentes et que l'union économique et l'union monétaire sont pressenties à fonctionner en tandem. En revanche, l'union politique, qui sous-tend les deux autres, se dessine comme un objectif à long terme. En ébauchant la future identité monétaire de la Communauté, Werner et Clappier réfutent toute idée de flexibilité accrue des devises européennes au sein du système monétaire international. Cette opposition est une déconvenue pour les États-Unis qui ne semblent apprécier les bienfaits de l'Union monétaire qu'en ce qu'elle permet de soulager la position monétaire américaine et de faciliter l'évolution vers un système des changes plus flexible. De ce fait, les officiels américains se montrent assez réticents à l'idée un bloc monétaire européen, qui leur semble être animé par des mobiles anti-américains. À travers l'union économique et monétaire, l'Europe arrive à une forme de souveraineté monétaire, perdue auparavant au profit du dollar américain. La compétition qui s'enclenchera entre la monnaie européenne et le dollar serait de nature à déterminer une certaine modération des excès américains, y compris d'une politique économique moins expansionniste. *Cf.* Archives familiales Pierre Werner, réf. PW 048 intitulé « Intégration monétaire de l'Europe. Le Plan Werner : 1970 » ; voir aussi Dimitri Grygowski, *Les États-Unis et l'unification monétaire européenne*, Bruxelles, Éditions PIE Peter Lang, 2009, p. 215-131.

Federal Reserve Board des États-Unis, Arthur Burns. Il rencontre à deux reprises le directeur général du FMI, Pierre-Paul Schweitzer, qu'il avait déjà consulté, par l'entremise de Jean Monnet, sur l'identité monétaire européenne. Les réunions du FMI en 1970 permettent aux membres du comité Werner, notamment à Bernard Clappier, assisté de Rinaldo Ossola, membre du Comité des gouverneurs des banques centrales, d'aborder, avec des experts internationaux, la problématique du plan par étapes et de réagir en conséquence au profit du document final.

Le rapport Werner illustre parfaitement l'état d'esprit du couple franco-allemand en 1970. Il révèle aussi bien les failles durables entre deux philosophies économiques, financières et d'intégration politique situées aux antipodes, que la confrontation permanente entre l'intérêt national et l'intérêt commun ou encore la fragilité d'un consensus obtenu *a minima*. L'alchimie de l'élaboration du rapport Werner montre également que l'engagement, de part et d'autre, de certains hommes d'actions, unis par les mêmes aspirations et par un engagement commun a fait avancer le projet européen. Enfin, la gestion des crises qui ont émaillé les travaux du comité Werner démontre que « les situations […] les plus difficiles, voire les plus désespérées, sont susceptibles de se renverser sous la triple influence d'une volonté de redressement, du jeu des forces économiques et du facteur temps, c'est-à-dire de l'attente patiente des résultats de la rencontre des deux autres facteurs[72] ».

Elena DANESCU

---

[72] WERNER, *Itinéraires…*, *op. cit.*, vol. 1, p. 27.

Le Portugal, l'Europe et l'entente franco-allemande.
Échos et réactions à la célébration du traité de l'Élysée.

Cette communication se propose d'analyser l'écho et l'impact, sur le Portugal, de la signature du traité de l'Élysée, dans le cadre d'un contexte plus global d'affirmation et d'approfondissement, voire de formalisation de l'axe franco-allemand dans lequel elle s'inscrit.

Il s'agira d'analyser comment ces évènements ont été diffusés et interprétés au Portugal, notamment la place que lui accorde la presse, son impact sur la correspondance diplomatique, et leur influence au niveau du débat politique, sans oublier de prendre en considération, dans tous les cas de figure, le contexte national dans le cadre spécifique de l'*Estado Novo*, les principes fondamentaux de sa politique externe et la conjoncture particulièrement complexe à laquelle elle se voit alors confrontée, et, bien sûr, le cadre international.

Comment les autorités portugaises, fortement compromises par les réactions suscitées par leur politique coloniale sur différentes scènes et dans différents contextes internationaux, et généralement très critiques, ont-elles perçu et interprété ce rapprochement franco-allemand ?

De quelle manière cette solidarité franco-allemande s'est reflétée au niveau des relations et de la politique extérieure portugaise, à un moment où, et ne prenant en considération que la sphère internationale, tout paraissait, pour le Portugal, converger et coïncider vers un véritable tourbillon, aux effets multiples, si variés que cela ressemblait plus à un scénario aléatoire ? Dès lors, c'est précisément à cette période que sont consolidées simultanément les relations bilatérales du Portugal avec la France et l'Allemagne, que surgissent de nouvelles angoisses/ polémiques au sein de l'Alliance atlantique, dont le Portugal est membre fondateur, et que l'on débat sur la présence des forces américaines, mais aussi allemandes et françaises en territoire portugais ; que la guerre coloniale s'intensifie sur les trois théâtres africains (Angola, Mozambique et Guinée) ; que les critiques sur la politique coloniale portugaise gagnent du terrain, en particulier au sein de l'ONU ; et que la position du pays vis-à-vis des deux organisations économiques européennes se trouve en suspens et dépendante de la réponse de la demande d'entrée de la Grande-Bretagne dans le Marché commun – par rapport au Marché commun, on attendait la décision de la demande portugaise d'ouverture aux négociations, et par rapport à l'AELE, tout dépendait directement de son possible refoulement lié à une éventuelle entrée de la Grande-Bretagne dans le club des Six, ce qui, bien évidemment, laissaient doublement angoissées les autorités portugaises et donc accentuaient les doutes sur la nature et la possibilité d'un éventuel rapprochement au Marché Commun, et interrompait fatalement les effets très positifs que l'économie portugaise découvrait dans l'AELE.

Entretemps, confronté à une contestation interne sans cesse croissante, le Régime survivait à une succession impressionnante d'évènements, en particulier durant l'année 1961 où surviennent notamment les incidents au Nord de l'Angola qui marquent le début de la guerre coloniale. Face à la situation générale, l'*Estado Novo* réagira de façon obstinée, par le renforcement et par l'affirmation de sa position, en opérant des ajustements qu'il assume de façon pragmatique, en fonction de sa propre survie, en persistant dans la défense intransigeante de la conservation des colonies au nom de l'intégrité territoriale, ce qui le fera s'enliser dans treize années de guerre, en pariant sur un projet d'union économique de la métropole et des colonies qui, selon sa logique, accompagnait la tendance des grands espaces économiques, à l'instar de ce qui se construisait dans le cadre européen. En somme, nous chercherons à identifier et à comprendre dans quelle mesure le processus de définition et d'approfondissement de la relation franco-allemande, que le traité de l'Élysée a consolidé, influença la pensée, la stratégie et le comportement des autorités portugaises au niveau de leur politique extérieure et, en particulier, dans le domaine de la coopération européenne et dans le cadre de l'Alliance atlantique, en prenant en considération les propres caractéristiques du Portugal et du régime politique dictatorial alors en vigueur et son intégration sur la scène internationale de l'après-guerre, marquée par la guerre froide.

*

La Seconde Guerre mondiale et l'enchaînement de circonstances et d'événements sur la scène internationale, excédant l'action du gouvernement portugais, déterminèrent la position relative du Portugal durant la période de l'après-guerre et, en particulier, dans le cadre du démarrage effectif du processus de construction européenne.

La « nature » de sa neutralité, dans son virage pro-allié, sera suffisante pour distinguer le Portugal de son partenaire de la Péninsule, en lui permettant d'acquérir une position privilégiée dans le cadre international, et plus spécialement dans le cadre européen de l'après-guerre, malgré certaines résistances.

Bien qu'en 1945, il ne fût pas invité à la conférence de San Francisco et qu'en 1946, il essuie un revers avec le veto soviétique à son entrée à l'ONU, le Portugal voit sa position réconfortée et consolidée à la suite de l'invitation franco-britannique et par le consentement général qui l'inclut dans le projet européen, provoqué par le discours de George Marshall, à la différence de l'Espagne.

Non qu'il puisse exister une quelconque conviction, voire sympathie de la part des autorités portugaises, mais parce que, à l'instar de n'importe quel autre pays d'Europe occidentale et dans le cadre d'une forte dépendance économique externe, le Portugal pouvait difficilement se maintenir à l'écart du mouvement de coopération européenne qui se façonnait et se construisait, encouragé par la détermination américaine qui s'appuyait sur des arguments mettant en avant les nécessités de la reconstruction de l'après-guerre d'une part, par l'inexorabilité des évènements qui conduisaient à l'installation de la Guerre froide d'autre part.

Le mode de pensée des autorités portugaises coïncidait essentiellement avec celui du président du Conseil Oliveira Salazar : un évident scepticisme et de fortes critiques quant aux possibilités de coopération internationale quel que soit le format défini, à l'instant même où le simple dialogue entre souverains est dépassé ; un anticommunisme inégalable ; et un non moins profond sentiment d'anti-américanisme, auquel s'ajoutait une méfiance face aux éventuelles intentions hégémoniques américaines, notamment en Afrique.

Le Portugal a activement et pleinement participé au processus de construction du premier projet effectif de coopération économique européenne. Il a participé à la Conférence de la coopération économique européenne qui a réuni, à Paris, les pays qui acceptèrent de participer au programme américain. Un bilan des besoins communs a été réalisé sur la demande de Georges Marshall, à partir duquel a été élaboré un programme de reconstruction des pays participants ; il a bénéficié de divers mécanismes créés et développés dans le cadre de l'*European Recovery Programm* ; a été membre de l'OECE et a bénéficié de l'aide financière nord-américaine, bien qu'elle fût initialement déclinée. En réalité et bien qu'en refusant d'être bénéficiaire de l'aide financière Marshall, en accord avec l'annonce faite par le ministre des Affaires étrangères à la fermeture de la Conférence de Paris le 22 septembre 1947, il ne s'est pas passé un an avant que le gouvernement d'Oliveira Salazar se voit contraint de la solliciter : sur les raisons d'ordre politique et idéologique, sans oublier le scepticisme quant aux solutions de coopération économique trouvées au niveau international, se sont finalement imposés et ont prévalu des facteurs pragmatiques d'ordre économique et financier.

Même pour le Portugal, et ce malgré ses réticences et les restrictions persistantes qui caractérisent sa participation à la coopération européenne, les résultats et les impacts positifs ont été évidents. Dans son ensemble, la participation du Portugal au Plan Marshall lui a fourni une assistance financière qui tourne autour de 90 millions de dollars (plus de deux millions et demi de contos[1]), qui bénéficiera à une partie significative des agents économiques du pays, État inclus. Á ce montant doit être ajoutée, en contrepartie, la participation de fonds portugais, d'une valeur approximative de 650 000 contos. La quasi-totalité de ces fonds a été utilisée en 1950 et en 1951, il n'en est resté qu'une petite part dont l'utilisation s'est prolongée au-delà du délai de l'ERP (surtout, comme on le verra, dans le cadre de l'exécution des fonds de contrepartie et du programme d'assistance technique). Le poids de l'aide financière, évaluée en termes purement quantitatifs, a été significatif au niveau national, correspondant à environ un quart de la formation brute de capital fixe (FBCF) des années 1950 et 1951[2], bien que les montants soient relativement modestes comparés à ceux attribués à d'autres pays bénéficiaires.

Mais ces effets ne se résument pas à une simple expression numérique. Le Plan Marshall a certes contribué à maintenir (voire à

---

[1] Selon le taux de change appliqué par l'administration portugaise – 1 dollar = 28,75 escudos.
[2] Voir les données de la FBCF publiées dans le *Statistics of National Product and Expenditure 1938, 1947 to 1952*, Paris, OECE, 1954.

renforcer) le régime dictatorial en vigueur, il a, parallèlement, mené le pays sur les chemins de l'internationalisation, de la modernisation et de la technologie, bien que confinées à certains secteurs et limitées à ce qui était politiquement autorisé. De ce fait, les craintes de Salazar étaient fondées : l'ouverture vers l'extérieur et la coopération européenne entrainaient également des risques.

En réalité, la participation du Portugal au Plan Marshall a constitué un des premiers pas vers son ouverture à l'extérieur, et plus encore, à l'internationalisation de son économie, lui permettant de développer, dans beaucoup de cas, de nouvelles manières d'entrevoir la politique économique, notamment par la politique de planification ultérieurement matérialisée en plans de développement. Se voir intégré dans les nouvelles institutions internationales créées dans le cadre du Plan Marshall (telles que l'OECE ou l'Union européenne des paiements) lui a apporté des avantages d'ordre et de grandeur différents, passant par la formation d'une élite technique, par une meilleure connaissance des méandres du commerce international garantissant sa participation active, ou par la maîtrise du maniement des nouveaux instruments du système monétaire et financier international défini durant la période de l'après-guerre.

Dans la pratique, le Portugal a garanti à contrecœur, en conjuguant résistances et avantages habilement gérés, et toujours de manière réticente et restreinte, son intégration au système du commerce et des paiements internationaux et surtout, sa présence active aux mouvements naissants de coopération économique européenne, dans un processus qui déboucherait dans un premier temps sur son intégration à l'AELE et, quarante ans plus tard, sur son adhésion aux Communautés européennes en 1986.

Entretemps, et en revenant à la période de l'après-guerre, l'environnement international clairement marqué par l'évolution de la Guerre froide allait dédramatiser l'expression accentuée de ce sentiment d'anti-américanisme particulièrement visible dans les évènements qui impliquèrent la participation portugaise dans le Plan Marshall, mais n'atténuait pas les soupçons et les peurs d'Oliveira Salazar concernant les intentions américaines d'ingérence dans les territoires portugais d'outre-mer. Dans le contexte de la Guerre froide, les deux pôles opposés allaient répandre leurs contradictions sur le territoire européen. Face à l'évolution des évènements, tout indiquait une participation accrue du Portugal dans le cadre européen et, en parallèle, un renforcement de ses relations avec les États-Unis, du moins d'un point de vue officiel.

C'est dans ce contexte que s'insère la signature du Pacte atlantique du 4 avril 1949, accomplie « sans l'enthousiasme de Salazar et moins par conviction que par nécessité[3] », assumant l'état de fait imposée par le climat international et la nécessité de développer un appui économique et militaire auprès des États-Unis. S'expliquent ainsi l'alliance et les observations de Salazar, l'éloge des États-Unis considérés comme « la garde avancée de sa sécurité », capable de contenir le grand ennemi du moment : la Russie.

En ce qui concerne plus particulièrement la coopération européenne, la tendance finirait par évoluer dans le sens d'un renforcement de la relation entre les pays européens, en mettant en œuvre des expériences dans différents domaines, adoptant des formes et des formules diverses, tâtonnant quant aux parcours, pour des réalisations au final pas toujours concrétisées ni réussies. Les pays européens se sont employés, parfois de manière volontaire ou erratique, en tentant, par tous les moyens, de donner forme à une solidarité qui, selon l'avis d'une majorité, s'imposait naturellement et se devait de se matérialiser institutionnellement, en projetant des architectures qui ne coïncidaient pas toujours dans la forme, voire au sein des pays concernés.

Parallèlement aux projets à succès de longue durée, tels que la CECA, l'EURATOM et la CEE, d'autres projets conjoncturels, de courte et de plus longue durée, sont laissés pour compte comme l'AELE. Beaucoup d'autres projets ont échoué ; mais sans doute ces expériences sont-elles nécessaires pour trouver une voie faite de plus grande conviction et de réalisation. L'histoire de la construction européenne s'est faite à partir de tous ces objectifs, bien que parfois non concrétisés ; il ne faut pas ignorer ni camoufler le parcours globalement réussi de la construction européenne bien qu'elle soit entrecroisée, réorientée voire retardée par d'intenses crises et impasses. On peut se référer, du fait de son importance décisive dans le cadre de cette présentation, au processus qui a conduit à la création de la Communauté européenne de Défense et au

---

[3] Nuno Severiano Teixeira, « Organização do Tratado do Atlântico Norte », *DHEN [à expliciter]*, p. 705.

sort dramatique du projet, enterré par le même pays qui l'avait appuyé, la France, rejetant la ratification du Traité à l'Assemblée nationale.

Dans le cadre de la Péninsule ibérique, est souvent mise en avant une vision réactive du Portugal, de la « fermeture » et du « recentrage », voire du durcissement des positions plus conservatrices des autorités portugaises, en conformité avec les positions idéologiques du régime. De ce fait, l'appareil théorico-conceptuel de l'*Estado Novo* a exacerbé des principes plus nationalistes et protectionnistes.

Ainsi, quand, en 1953, Salazar voit se profiler à l'horizon des mouvements au niveau des ententes européennes, et en particulier concernant le projet de CED, il avoue avoir du mal à se résigner, face à une Europe « désorientée intellectuellement et moralement, […] et à la collaboration inexorable avec les États-Unis, sur une direction effective ».

Même à l'époque où les résultats globalement positifs sur le Plan Marshall étaient bien définis, où l'OECE avait prouvé les possibilités de coopération économique entre les pays européens, où s'affirmaient, en Europe, d'autres mouvements de coopération, où la CECA avait été constituée (traité de Paris du 18 avril 1951) et où le traité de Communauté européenne de Défense avait été signé (mai 1952), Salazar maintenait son scepticisme inébranlable sur la viabilité d'une coopération internationale qui n'émanerait pas exclusivement de l'entente et de l'accord entre les souverainetés nationales, et maintenait presque inchangées son aversion aux idées fédéralistes, qu'elles soient de caractère politique ou économique, dans la mesure où elles retireraient aux États européens « la garantie aux différents peuples de disposer d'eux-mêmes » (SALAZAR, 1951, 332). Le Portugal allait définir et assumer sa position dans le nouveau cadre international, de façon explicite et concise, dans une circulaire envoyée à toutes les missions diplomatiques, le 6 mars 1953 : « la création d'une Fédération européenne a constitué une des idées dominantes de la politique actuelle, qui se détermine de la manière suivante : Si je peux être interprète du sentiment du peuple portugais, je dois affirmer […] que l'idée de la fédération […] lui répugne absolument[4]. »

---

[4] (SALAZAR, 1953, 64) à expliciter avec la référence complète.

On observait déjà cet état de fait lors de la création de la CECA : « Nous avons conservé une prudente réserve face à ces expériences, de par les éléments qui se trouvent en opposition à nos concepts fondamentaux, de par le côté occulte que ses expériences cachent en vue de préparer par secteur, une fédération européenne en laquelle nous ne voyons pas l'utilité, et parce que nous sommes entièrement sûrs de la manière d'agir avec ceux qui n'ont pas encore de positions prises vis-à-vis des institutions qui s'organisent. » (SALAZAR, 1959, 121).

Quant à la possible collaboration du Portugal dans les projets « européens », Salazar se réfère, dans la circulaire précédemment citée, au fait que, mis à part le Pacte atlantique, « de l'Europe, plus rien ne nous intéresse substantiellement sur le terrain politique : nous sommes plus intéressés par l'Angola, le Mozambique, voire même le Brésil, [...]. Notre affection pour l'Atlantique nous impose, de ce fait, des limites à la collaboration européenne [...] ». (SALAZAR, 1959, 121).

Allant plus loin, et face à la possibilité de constituer une fédération européenne et, si possible, de continuer à imposer une politique des grands espaces, « on peut percevoir la volonté de resserrer de plus en plus les liens du Portugal avec le Brésil et l'Espagne, et de l'Espagne avec les républiques du centre et du sud de l'Amérique, de manière à ce qu'un grand bloc ibérico-américain soit à côté de la Communauté britannique, même sans atteindre le degré de sa structure constitutionnelle, un acteur politique de grande importance, par sa population, sa richesse potentielle ou réelle, et sa culture occidentale ». (SALAZAR, 1953, 64). En 1957, Salazar présentera ses idées d'une autre façon : « si les inclémences du temps présent n'encombraient pas les étroites relations avec les nations africaines [qui sont] nos voisins, ni ne nous empêchaient de réaliser notre programme de l'Afrique, surtout en Angola et au Mozambique, cette communauté luso-brésilienne, au côté de la communauté britannique et de la communauté hispanique qui se compose par des Amériques de filiation espagnole, pourraient devenir trois des plus grands acteurs d'ordre et de stabilité de la politique internationale. » (SALAZAR, 1959, 410-411).

Entretemps, la vieille dictature salazariste, sûre d'elle-même, et en dépit de ses objectifs politico-idéologiques et de l'exercice autoritaire et despotique du pouvoir, n'était pas prête à partager et finirait, à l'instar de l'Espagne, par être admise aux Nations Unies. Paradoxalement, le Portugal allait s'intégrer dans un scénario où il se retrouverait directement et constamment en confrontation, conformément à ses choix et en réaction à son isolement exacerbé et à sa politique coloniale qui se poursuivait, contre tout et contre tous, dans une guerre qui se prolongerait pendant treize ans.

En même temps, le Portugal allait s'affirmer dans le contexte européen grâce à l'opportunité qu'il saisissait en intégrant l'AELE. Ce fut par un coup de chance, selon l'expression de l'ambassadeur Rui Teixeira Guerra, « que le Portugal, bien que loin d'avoir une force économique comparable, réussit à se joindre aux autres protagonistes de la "Petite Zone" qui ont été amenés à négocier les accords qui, finalisés à Salsjobadem, se sont concrétisés dans la signature de la Convention de Stockholm[5] ».

La manière dont le Portugal s'est vu intégrer l'AELE est bien connue, suscitant d'ailleurs certaines surprises au niveau international, pour avoir dépassé le fait de ne pas avoir été invité initialement à participer aux négociations qui ont conduit à la création de cette association de libre-échange, et par les divergences qui opposaient, au niveau interne, les principaux protagonistes de ce rapprochement, ayant comme représentants Teixeira Guerra et Correia de Oliveira, venant des factions les plus protectionnistes, ultramontaines et colonialistes.

Il n'existe aucune ambigüité sur la manière dont les autorités portugaises se sont battues pour intégrer l'Association européenne de Libre-Échange, utilisant l'argument de l'impossibilité de « rester en dehors ».

L'adhésion à l'AELE était d'autant plus voulue, que la configuration que devait adopter cette zone de libre-échange était en accord avec la politique et les principes qui orientaient la position du Portugal par rapport à sa coopération avec l'extérieur.

En intégrant l'AELE, le Portugal évitait de rester définitivement à l'écart des mouvements d'intégration européens ; les engagements assumés étaient de nature strictement économique et commercial ; aucune question sur le régime ou sur le système politique, et encore moins sur les problèmes venant de l'existence des colonies africaines n'était soulevé (au contraire de la CEE) à cause de la complète autonomie

---

[5] (GUERRA, MAGALHÃES E FREIRE, 1981, 8) à expliciter avec la référence complète.

douanière de l'AELE ; le problème du relatif sous-développement industriel portugais face aux autres puissances intégrantes a été contourné en acceptant la « fameuse » Annexe G, d'après laquelle il était accordé au Portugal un démantèlement tarifaire plus lent (dans le cas portugais, ce démantèlement pouvait se prolonger sur 20 ans – le double du temps qui était permis aux autres membres) et, surtout, qui autorisait de manière explicite le pays à ériger des barrières douanières si la protection des nouvelles industries était mise en cause.

Encore une fois, Salazar cède sans vraiment céder. La réalité des choses s'impose à lui. Il se limite à lui donner une continuité, en évitant les controverses inutiles et potentiellement perturbatrices. En termes objectifs, l'intégration dans l'AELE doit être considérée comme une conséquence naturelle de la présence dans l'OECE depuis sa création. La participation du Portugal à l'AELE, des années 60 jusqu'en 1973, produisit des résultats franchement positifs, étant même « un des plus puissants facteurs du rapide progrès et de la modernisation de l'économie portugaise durant cette période[6] ».

Bien que risquant un certain simplisme, on peut transposer l'analyse sur la demande, presque obligatoire, d'adhésion du Portugal au GATT en 1960. Si l'entrée en vigueur de l'accord initial du GATT date du 1er janvier 1948, le Portugal n'avait même pas été invité par les États-Unis à prendre part à la conférence qui avait réuni, à Genève, les 23 pays les plus importants du commerce mondial pour négocier les réductions des droits douaniers, conduisant à la signature, le 30 octobre 1947, à l'Accord général sur les tarifs et le commerce (GATT). Le Portugal ne signera cet accord que le 6 avril 1962.

Alors que « l'encadrement européen » paraissait offrir une certaine tranquillité, voire un certain confort, au gouvernent portugais, surgit, le 9 août 1961, la première demande britannique d'adhésion au Marché Commun, suivie par celle des pays scandinaves. À ce moment, Salazar hésita. Les risques prudemment mesurés étaient de poids : à l'horizon surgissait, de nouveau, le spectre de l'isolement dans le cadre européen. À contrecœur, le président du Conseil donne des preuves suffisantes de flexibilité, en sollicitant, par lettre délivrée au président de la CEE par l'intermédiaire de l'ambassadeur Calvet de Magalhães le 18 mai 1962,

---

[6] *Idem*, p. 75.

l'ouverture des négociations entre le Portugal et la Communauté pour déterminer les termes de la collaboration que Salazar voudrait voir établir avec les pays du Marché Commun[7]. Sans exposer quelques prétentions ou réserves que ce soit, Oliveira Salazar adoptait une formule vague qui, à l'époque, lui permettait d'esquiver de plus grands obstacles, d'autant que les problèmes d'intégration de la Grande-Bretagne et du Commonwealth à la CEE allaient obligatoirement conduire à élaborer des solutions applicables à l'outre-mer portugais. Mais arrive à point nommé pour le Portugal le président De Gaulle qui, dans sa célèbre déclaration du 13 janvier 1963, clôt le sujet, en refusant catégoriquement l'intégration du Royaume-Uni dans la Communauté : en rompant subitement les négociations en cours avec l'Angleterre, il laisse tous les préparatifs des négociations avec les autres membres de l'AELE automatiquement avortés (GUERRA, MAGALHÃES E FREIRE, 1981, 52).

Toutefois, et à l'instar du processus qui conditionnait sa participation au mouvement de coopération économique européenne, les circonstances, qui déterminaient la position du Portugal dans le contexte international, induisaient des répercussions et des tensions en chaîne, générant un cycle de fortes pressions sur le gouvernement portugais. Le début de la guerre coloniale, en parallèle à l'accumulation et à l'enchaînement des changements dans la sphère internationale, notamment avec la politique de l'administration Kennedy, va alors déterminer un nouveau cycle qui, en d'autres termes, implique un arrangement stratégique des alliés du Portugal. Dans la pratique, réagissant à la prise de distance de ses traditionnels alliés, le Portugal a trouvé dans la France et la République fédérale d'Allemagne l'appui politique et militaire indispensables à sa politique coloniale.

La France allait se révéler essentielle pour la défense internationale de la politique coloniale portugaise, voire pour maintenir la stratégie qu'Oliveira Salazar avait établie par rapport à la guerre coloniale. Elle serait un appui visible au sein des Nations Unis et au niveau militaire, et ce malgré le début de la décolonisation française en Afrique[8]. Á partir de 1961, De Gaulle allait appuyer la position du Portugal au sein de

---

[7] (SALAZAR, 1967, 148) à expliciter.
[8] Sur les relations entre le Portugal et la France, voir DANIEL DA SILVA COSTA MARCOS, *Salazar e De Gaulle : a França e a Questão Colonial Portuguesa (1958-1968)*, Lisbonne, Instituto Diplomático, Ministério dos Negócios Estrangeiros, 2007.

l'ONU et dans les différentes réunions réalisées entre les responsables franco-américains.

D'où la véhémence des paroles d'Oliveira Salazar dans l'entretien donné au *Figaro*, en décembre 1961. À destination de la France, en reconnaissance pour avoir été l'une des cinq nations qui se refusait à s'aligner avec les quatre-vingt-dix États qui votèrent en faveur de la motion contre le Portugal à l'ONU, Salazar déclare : « La France sait être gentleman et fidèle. Ses gouvernants ont su comprendre notre tragédie[9] ».

De plus, dépassant d'ailleurs certaines contraintes imposées à partir de 1962 à la vente de matériel de guerre au Portugal, la France devient l'un de ses principaux fournisseurs d'armes, essentielles pour continuer l'effort de guerre. En contrepartie, la France avait trouvé dans le Portugal, du fait de sa position géostratégique, un terrain propice au développement de sa recherche dans le domaine de la balistique et du nucléaire. L'entente allait aussi se consolider par la célébration de deux accords luso-français en 1964, l'un concernant la construction de navires pour la marine de guerre portugaise, l'autre portant sur la concession de facilités aux forces armées françaises (en concurrence directe avec les États-Unis) dans les Açores, aspect important pour le maintien d'un programme nucléaire portugais et pour la stratégie d'indépendance face aux États-Unis et à l'URSS. Salazar y fait référence en 1966 dans un autre entretien donné au *Figaro*, en caractérisant les relations luso-françaises comme « plus qu'amicales, [elles] sont de ce fait plus affectueuses […]. Nous avons avec la France des accords bilatéraux, de diverses natures : accords culturels, économiques, politiques et techniques, comme celui relatif aux facilités accordées dans les Açores et qui sont depuis quelques jours devenus une réalité. […] L'Europe vit un moment d'évolution politique qui peut être très profond ; l'essentiel est qu'elle le fasse sans se diminuer. La France n'a pas uniquement ici sa place, comme elle aspire à réaliser une importante fonction, que sa richesse, sa situation géographique, sa haute valeur culturelle le lui recommandent ou le lui permettent. Il est impossible de prévoir le futur, ni même le futur immédiat, et nous, dans ce coin de l'extrême

---

[9] Entretien au *Figaro* publié dans le numéro 23 du 4 décembre 1961 par le journaliste Serge Groussard, p. 72-73.

occident de l'Europe, nous ne sommes pas du tout indiqués pour être les premiers à prendre position. Nous pouvons seulement dire que nous suivrons avec attention les évènements et, quant à la France, son ascension, avec la plus grande sympathie[10]. »

Les années suivantes ont confirmé cet appui de la France, symboliquement consolidé par la visite officielle du ministre de la Défense française au Portugal, maintenant une relation de proximité et les bénéfices communs au niveau des relations bilatérales luso-françaises, comme en témoigne l'adjudication définitive, en 1969, des travaux de construction du barrage de Cabora Bassa à un consortium franco-allemand.

L'Allemagne a été en vérité l'autre grand allié que le Portugal a trouvé dans la défense de ses intérêts coloniaux[11]. Le rapprochement luso-allemand sera fortement stimulé et approfondi à partir de la signature, en 1958, des accords relatifs aux biens allemands, et de la visite officielle, en janvier 1960, du ministre des Affaires étrangères allemand Franz Joseph Strauss au Portugal, puis de Ludwig Erhard l'année suivante. En mai 1959, est célébrée la révision de l'Accord commercial luso-allemand, influençant particulièrement les premières commandes allemandes de matériel militaire aux fabriques portugaises et le développement du tourisme allemand au Portugal. L'entente inaugurée par la présence du ministre allemand au Portugal est particulièrement importante car elle conduira à l'établissement d'une base d'entrainement de la force aérienne allemande en territoire continental portugais. Une fois la guerre coloniale débutée et avec la hausse, sans cesse croissante, de la contestation par rapport à la politique coloniale portugaise au sein des Nations Unis, le gouvernement allemand, cherchant un rapprochement avec les nouveaux États africains, adoptera une position réservée et ambigüe, sans confronter ni contester le gouvernement de Salazar mais sans le défendre publiquement. Du reste, l'Allemagne ne voulait pas renoncer aux avantages que lui conférait la proximité avec le gouvernement portugais, membre de l'Alliance Atlantique,

---

[10] Entretien au *Figaro*, publié le 5 novembre 1966, p. 237 (il y aurait 237 pages au *Figaro*… ??).

[11] « Ver sobre as relações entre Portugal e a Alemanha Ana Mónica Fonseca », *A Força das Armas : o apoio da República Federal da Alemanha ao Estado Novo (1958-1968)*, Lisbonne, Instituto Diplomático, Ministério dos Negócios Estrangeiros, 2007.

notamment ceux qu'elle détenait directement sur le territoire portugais. Cette stratégie s'est faite ressentir sur le plan politique et militaire, marquée par la concession de la base aérienne de Beja et par d'autres facilités données aux forces armées de la RFA, en échange d'avions et d'armement léger pour le Portugal.

C'est donc dans ce contexte, riche en événements et marqué par les idiosyncrasies et la position de l'*Estado Novo* de Salazar, que le Portugal assiste à la célébration du traité de l'Élysée et au renforcement des liens qui s'affirment entre les deux pays que les circonstances venaient de déterminer comme les alliés privilégiés du Portugal.

Et tout ceci à la lumière d'une question plus brûlante et déterminante de cette dernière phase du salazarisme, à savoir la question coloniale et la guerre en Afrique, qui s'imposait à tout et à tous. Dans ce cadre, tout se subordonnait à cette question essentielle, dénominateur commun et facteur explicatif, qu'a été la guerre coloniale, une expression de la défense intransigeante de la prétendue intégrité territoriale que le Régime a défendue jusqu'à son propre épuisement.

Bien que l'on commence à s'interroger sur les conséquences qui affectent directement ou indirectement le Portugal, on peut percevoir une certaine distance des autorités portugaises non pas uniquement vis-à-vis de la célébration du traité de l'Élysée, mais aussi par rapport à la définition de l'axe franco-allemand. D'autant que, en plus de la solidarité affirmée au niveau bilatéral par les deux acteurs en présence, les circonstances de la constitution de l'axe franco-allemand provoquèrent une pléiade si diverse d'effets quant à la position du Portugal dans l'Europe et dans le monde.

Voyons maintenant comment la question a été accompagnée et transmise par la diplomatie portugaise, en s'intéressant en particulier à la correspondance produite par l'ambassadeur du Portugal à la Haye, qui se trouvait avant à Bonn, et qui, par lettre au ministre des Affaires étrangères du Portugal et dans le cadre d'une visite de De Gaulle en Allemagne, attire l'attention sur l'intention gaulliste de constituer une force qui, tôt ou tard, allait être le résultat de l'hégémonie franco-allemande en Europe ; et le diplomate insiste sur le fait que, en dépit de l'appui généralisé pour le renforcement des relations franco-allemandes et l'abandon des vielles hostilités, peu accepteront, comme la Belgique et le Luxembourg, la subordination aux deux pays les plus forts[12]. Ce qui n'empêche pas l'ambassadeur de remettre en jeu la question qui sera régulièrement évoquée dans l'analyse du renforcement des relations franco-allemandes : sa conséquence sur le dénouement de la demande d'adhésion de la Grande-Bretagne au Marché Commun. Les évènements allaient mettre en évidence les diverses opportunités et la mauvaise volonté non dissimulée de De Gaulle quant à l'entrée de la Grande-Bretagne dans le club des Six, et au malaise que cette réserve suscitait auprès des Cinq.

C'est aussi avec une certaine angoisse qu'en janvier 1963 le représentant du Portugal à l'UNESCO s'adresse au chef de la diplomatie portugaise, expliquant que « De Gaulle, dont l'anticommunisme est aussi viscéral que son anti-anglo-saxonisme, se propose exclusivement – et bien que de manière biaisée – de créer une grande Europe-tampon contre les deux blocs impérialistes avec l'Allemagne. Mais quelle pourrait toutefois être cette Allemagne ? Celle de Goethe ? Celle de Walter Rathenau ? Celle de Stresemann ? Ah oui, je le reconnais à son bégaiement, sans rien comprendre moi-même[13] ? »

Quant au traité de l'Élysée, un rapport sera fait de manière détaillé, démontrant surtout une plus grande préoccupation concernant le processus qui conduit à l'élaboration du préambule qui précède le document. Les mots de l'ambassadeur du Portugal à Bonn reflètent les intentions de cette « présentation aux parlementaires du préambule pour obtenir d'eux la plus grande marge de manœuvre extérieure possible, même si le sens du Traité représente, au niveau populaire, la réconciliation de deux voisins en discordes depuis très longtemps : les Allemands et les Français. La tendance (actuelle) de gauche en Allemagne ne fait que s'accentuer, bien que lentement, selon les observateurs politiques, ce qui n'est pas une situation qui nous laisse indifférente pour notre cas[14] ».

---

[12] Arquivo Histórico-Diplomático, Processo n° 331, 214, Anos de 1962/1963, Política Interna e Externa da França, carta do embaixador de Portugal na Haia ao ministro dos Negócios Estrangeiros, 10 de setembro de 1962.

[13] Arquivo Histórico-Diplomático, Processo n° 331, 214, Anos de 1962/1963, Política Interna e Externa da França, carta do representante de Portugal junto da UNESCO ao ministro dos Negócios Estrangeiros, 25 de Janeiro de 1963.

[14] Arquivo Histórico-Diplomático, Telegramas das Legações – 1963, Legação em Bona, Telegrama da embaixada de Portugal em Bona ao ministro dos negócios Estrangeiros,

Le contenu des discussions se répand dans plusieurs sphères, notamment dans la presse. Aussi, parce qu'il est mis en évidence l'idée que, à la lumière de l'éviction d'Adenauer du pouvoir, le Traité ne serait avant tout « plus qu'une pièce du musée diplomatique. Construit pour donner une base populaire aux relations franco-allemandes [...]. Mais Adenauer, comme De Gaulle, le considérait comme le pilier de sa collaboration. Avec le changement de Chancelier – dit-on à Bonn – il sera à peine un élément décoratif : auquel on se réfère régulièrement mais peu appliqué[15] », en pensant, évidemment aux différences dans les stratégies que les autres protagonistes ont déterminées, comme Erhard sur différents aspects, et sur notamment l'entrée du Royaume-Uni dans le marché commun.

La presse portugaise s'est aussi fait l'écho de manière assez détaillée de la célébration du traité de l'Élysée. Les articles sont divers dans le *Diário de Notícias*, l'*O Século*, le *Diário de Lisboa*, entres autres. Le ton est donné par cet extrait, repris par le *Diário de Notícias,* les déclarations d'Adenauer à Paris, à l'occasion de la célébration du Traité : « Une coopération pour le futur entre les deux peuples, [...] De Gaulle [...] personnifie une chose très rare : une signification de l'Histoire qui couvre un long passé et qui se prolonge bien au-delà, dans le futur. Et, puisqu'il est fait référence à la solidarité entre les deux peuples, cette solidarité n'est pas très facile à réaliser entre les deux peuples, qui savent qu'ils doivent assumer de grandes responsabilités, dépassant largement leurs propres intérêts, englobant toute l'Europe, et incarnant, en même temps, la paix du monde ». D'où le titre choisi à l'en-tête de l'article : « Un axe Paris-Bonn[16] ? »

Toutes les informations diffusées dans la presse n'ont pas manqué d'interroger la signification que la célébration du Traité pourrait avoir pour le futur de l'Europe et, en particulier, son influence dans l'analyse,

---

recebido em 11 de Abril de 1963.
[15] Arquivo Histórico-Diplomático, Telegramas das Legações – 1963, Legação em Bona, Telegrama da embaixada de Portugal em Bona ao ministro dos negócios Estrangeiros, recebido em 4 de Maio de 1963.
[16] « Um eixo Paris-Bona ? A assinatura dum acordo entre a França e a Alemanha que consagre a cooperação e solidariedade dos dois povos é o objectivo desta visita – revelou Adenauer à chegada a Paris », *Diário de Notícias*, 21 janvier 1963.

en cours, de la demande d'ouverture des négociations présentées par la Grande-Bretagne.

Le fait est que cette question reflétait le conflit entre deux voies distinctes et contrastées pour le futur de l'Europe : communauté de nature surtout continentale, indépendamment de l'influence anglo-américaine, comme le défendait De Gaulle en s'appuyant surtout sur la complicité Paris-Berlin ; ou communauté atlantique, qui inclurait la Grande-Bretagne, qui aurait la sympathie et de la bienveillance américaine envers le Marché Commun en contrepartie de l'ascendance de l'axe franco-allemand. L'Europe de De Gaulle serait alors une sorte de Confédération continentale de l'Occident européen sous l'égide de la France, qui constituerait une troisième puissance, avec des armes nucléaires françaises capables de rivaliser avec la Russie et les États-Unis.

Une autre note, dans le cadre d'une discussion de la proposition de loi sur l'autorisation des recettes et des dépenses pour l'année 1964, amène le Parlement portugais à se référer à la France et à l'Allemagne[17]. Le député André Navarro, évoquant le rôle de l'Amérique du Nord dans le lancement du Plan Marshall et le début de la *reconstruction* de l'Europe, et mettant l'accent sur son objectif fondamental de défense de l'ensemble du monde occidental, se souvient que De Gaulle, dès cette période, prenait ostensiblement ses distances avec les Américains, et que l'État allemand, à qui l'Europe doit son miracle, pouvait à la rigueur ressentir la même chose, mais ne pouvait ni ne devait l'exprimer ouvertement. Le député continue en consacrant une partie de son intervention à la caractérisation et à l'affirmation de l'Occident européen comme une troisième voie, évoquant la vieille Europe économiquement rajeunie et parvenue socialement à un niveau plutôt évolué, et disposant d'un potentiel économique et financier supérieur à n'importe lequel des deux blocs, oriental et occidental américain.

Il s'agissait là en fait d'une interprétation subjective, par les autorités portugaises, des évènements relatifs à la célébration du traité de l'Élysée et de l'approfondissement de l'entente franco-allemande : l'affirmation du Vieux Continent face aux deux hégémonies en conflit. Comme nous

---

[17] *Diário das Sessões da Assembleia Nacional*, VIII Legislatura, sessão n° 103, em 9 de Dezembro de 1963.

l'avons dit précédemment, l'anti-américanisme de Salazar allait de pair avec son anticommunisme viscéral. Parmi d'autres exemples possibles, on peut évoquer la confidence faite par le président du Conseil à Franco Nogueira qui, en janvier 1963, exprime l'intention du gouvernement portugais de faire traîner en longueur les négociations sur l'utilisation américaine de la base des Lajes : « soit les Américains réussissent à me tuer, soit je meurs. Dans le cas contraire, ils devront lutter des années pour réussir à nous mettre à terre[18]. »

Les évènements se sont enchaînés. Le 13 janvier, De Gaulle impose son veto à l'entrée de la Grande-Bretagne dans le Marché Commun ; le 22 du même mois, le traité de l'Elysée est signé, puis le 24, le président Kennedy prévoit d'appuyer à Washington le projet de l'unité européenne en encourageant l'adhésion de la Grande-Bretagne à la CEE ; celle-ci se voit confortée par la position obtenue par les Britanniques dans le cadre du Kennedy Round.

En conséquence du veto français, Bruxelles annonce, dès le 1er février, la suspension *sine die* des négociations entre le Portugal et la CEE. Mais le Portugal est-il le seul pays à se sentir momentanément soulagé par le veto français ? Dans la réalité, un ensemble de critiques et de désapprobations se sont levées vis-à-vis de la position du général De Gaulle. De son côté, l'accord signé à l'Élysée suivait son cours, entrant en vigueur en juillet de la même année. L'année suivante des négociations ont été initiées à Bonn sur le traité d'Amitié franco-allemand. L'accent y fut mis sur la perspective ambitieuse de créer une Europe unie avec une action commune dans les champs politiques, économiques et militaires.

Le traité de l'Élysée, de six pages à peine, va progressivement gagner en substance dans les années suivantes, selon les intentions et les opportunités créées par les leaders franco-allemands. Le traité ne va pas au-delà d'un simple compromis entre les deux gouvernements qui doivent se consulter l'un l'autre, avant de prendre une quelconque décision, sur toutes les questions importantes de politique extérieure, et en premier lieu, sur les questions d'intérêt commun, car l'objectif est d'arriver, aussi rapidement que possible, à une position similaire (article 2). Outre les conséquences du départ d'Adenauer, la mise en application du Traité

---

[18] Franco NOGUEIRA, *Salazar*, vol. V (à expliciter avec la référence complète), p. 458.

est conditionnée par sa ratification. Le Bundestag va alors étoffer le préambule déjà cité, qui contient une partie des intentions initiales, en évoquant explicitement le lien avec les partenaires transatlantiques, les États-Unis, et l'objectif d'une réunification allemande. Ajustement sensible, qui cherche à provoquer une réaction du leader français pour rapprocher l'Allemagne de la France, et à contrecarrer sa politique d'éloignement par rapport aux États-Unis et au Royaume-Uni.

*

Face à tout cela, que peut-on espérer de la réaction du gouvernement portugais, si ce n'est passivité et attentisme ? Quelles sont les attentes quant à l'impact de l'entente franco-allemande, en particulier à la célébration du traité de l'Élysée ? Peu de choses à rajouter par rapport à ce qui a déjà été dit.

En vérité, la priorité et l'effort des autorités portugaises se concentraient essentiellement et presque exclusivement sur la question coloniale. Á la lumière de qui a été présenté, le sentiment de complicité avec les deux acteurs du traité de l'Élysée était évident en 1963, et la formalisation de l'axe franco-allemand, en développant la résistance du vieux continent face aux États-Unis et à l'URSS, a évidemment été accueillie avec une grande sympathie par le régime portugais.

Par ailleurs, et plus par coïncidence que par immobilisme, le veto français sur l'entrée de la Grande-Bretagne dans le Marché Commun a permis de dépasser les angoisses et les difficultés, puisque, dans la pratique, le veto avait suspendu les négociations avec le Portugal. D'un côté, par conviction, c'est certain, et par aversion aux solutions préconisées : la seule perspective d'une entente supranationale, telle que la figurait le marché commun, était « répugnante » aux yeux de Salazar. D'un autre côté, la nature du régime politique de l'*Estado Novo* rendait de toute façon impossible l'intégration du Portugal dans le cadre du traité de Rome. Les conséquences de sa sortie de l'AELE supposeraient pour l'économie portugaise, sans aucun doute, la fin des avantages qu'elle en avait tirés, avantages d'une telle importance l'on évoque encore aujourd'hui les effets du miracle de l'AELE.

Pour le reste, Oliveira Salazar tentait comme toujours de retirer des bénéfices politiques des évènements, surtout dans le cadre des fortes contestations auxquelles il se trouvait confronté. C'est pour cette raison qu'en décembre 1962, dans le cadre d'un renforcement de coopération européenne, Salazar chercha à s'appuyer sur des arguments qui défendaient sa politique coloniale et la création de l'Espace économique portugais, dans lequel il se trouvait engagé et dont il avait consolidé la position à partir de 1961 : « la formation des grands espaces économiques et politiques est l'idée d'avenir dans un monde moderne. Il nous semble, donc, qu'il y a, au moins, un manque de logique, quand ceux-là même qui désapprouvent notre vision d'un grand espace portugais, politiquement et économiquement intégré, défendent chaleureusement non seulement l'intégration économique de l'Europe, mais aussi son unification politique. À la lumière de cette contradiction, on comprend encore moins l'argument principal qui nous oppose, celui de la différenciation raciale, comme si en Europe il n'y avait pas de races aussi différentes les unes des autres, tout comme les races de l'Europe ou de l'Afrique du Nord, diffèrent de celles du continent africain au du Sahara[19]. »

Quant à l'Europe, le problème ne devait surgir à nouveau qu'une décennie plus tard. Les acteurs n'était déjà plus les mêmes quand, en 1970, la candidature britannique à l'adhésion aux Communautés européennes fut finalement acceptée. Le Portugal comprit de nouveau qu'il ne pouvait rester en marge, allant vers des négociations initiées en décembre 1971 qui devaient conduire à la signature de l'Accord de commerce Portugal – CEE et de l'Accord Portugal – CECA sur le commerce des produits sidérurgiques, le 22 juillet 1972. Décision qui, fondamentalement liée à l'évaluation des restrictions d'ordre commercial, a pesé sur différents acteurs, et ce malgré l'opposition d'une partie significative de l'élite politique qui considérait que le rapprochement avec la CEE comportait divers risques, notamment celui de la « contagion politique », par rapport à son « engagement d'outre-mer ». Ces protagonistes ont cru et ont voulu investir dans la voie européenne, luttant pour l'établissement d'une proposition plus claire dans la problématique européenne, et dans le cadre d'un lien réel et institutionnel, même modeste, à la CEE.

Maria Fernanda ROLLO

---

[19] Entretien accordé aux journaux Southam du Canada : publié dans le numéro de décembre 1962, dans le journal *Ottawa Citizen* et dans d'autres journaux de l'organisation Southam, p. 138.

L'évolution de l'attitude de la Pologne envers le traité de l'Élysée : de la « Lettre des évêques » au Triangle de Weimar

L'année du cinquantenaire du traité d'Élysée permet, espérons-le, de découvrir de nombreux aspects de cet événement historique dont la portée n'est pas encore bien cernée et qui ne perd pas de son actualité[1]. Elle permettra aussi de faire ressortir certains impondérables qui l'ont accompagné et qui passent souvent inaperçus (telle est d'ailleurs leur nature). Le message chrétien contenu dans l'acte de réconciliation auquel les deux hommes politiques, Konrad Adenauer et Charles de Gaulle, fervents catholiques, attachaient une grande importance, constituait un de ces facteurs dont la signification n'était pas pleinement perceptible pour les contemporains. Que la signature du Traité fût précédée par un *Te Deum* auquel ils assistèrent le 8 juillet 1962 n'était pas un hasard. Cette messe solennelle pour la paix présidée par Monseigneur Marty, archevêque de Reims, avait deplus lieu à la cathédrale Notre-Dame, qui gardait encore les cicatrices de la Grande Guerre et des bombardements allemands de la dernière guerre. Elle fut donc un signe, beaucoup plus éloquent que de longues conversations ou de longs entretiens, et plus encore de longs discours sur la paix. Elle était la manifestation des convictions religieuses qui étaient à la base de cette nouvelle politique. Le message, comme nous tâcherons de le suggérer ou peut être de le démontrer, trouva un écho inattendu en Pologne communiste. Il ne s'agissait pas évidemment de la réaction officielle au traité de l'Élysée, car celle-ci était calquée servilement sur la position de Moscou, qui n'était d'ailleurs très originale et se limitait à dénoncer le traité comme « l'alliance politique et militaire augmentant la tension internationale et constituant la menace pour la paix[2] ».

---

[1] « Nous avons un devoir de rappeler notre histoire, pour savoir d'où nous venons, mais nous avons surtout un devoir d'action pour l'immédiat et de préparation de l'avenir » a constaté le président François Hollande lors du lancement de l'année franco-allemande (http://50ans.france-allemagne.fr/france/annee-franco-allemande/).
[2] Note officielle publiée le 5 février 1963, citée d'après Ignacy Anczewski, *Problem*

C'était dans l'attitude du peuple polonais que l'on pouvait trouver certaines réactions positives. Le ministre polonais des Affaires étrangères, Radoslaw Sikorski, en s'adressant aux ambassadeurs de France et d'Allemagne lors de l'anniversaire du traité d'Élysée y fait y référence, constatant : « Placés derrière le rideau de fer nous avons regardé jalousement comment les États libres du monde occidental construisent leurs relations du partenariat[3] ». Il est à noter que dans la suite de son exposé le ministre polonais mentionna ce Traité comme un excellent exemple de « la rémission et de la réconciliation ». Ces deux mots qu'il avait employés, consciemment, pour définir la portée du Traité, renvoyaient directement à l'évenement qui avait provoqué un grand tollé dans la Pologne communiste et dans une grande partie de l'opinion. Ils étaient employés (et mis en exergue par la propagande) dans la lettre ouverte ouverte (appelée par la suite « le Manifeste ») des évêques polonais adressée aux évêques allemands le 18 novembre 1965. La lettre ne faisait aucune mention du traité de l'Élysée et fut une forme d'invitation des représentants de l'Église allemande aux cérémonies commémorant le millénaire du baptême de la Pologne, prévues pour l'année suivante. L'épiscopat polonais visait non seulement à donner de l'éclat à l'Église polonaise, une vraie force dans un État communiste, mais, selon l'aveu des auteurs de la lettre, il cherchait avant tout à engager les deux peuples voisins dans un dialogue réciproque[4]. La lettre passait en revue les relations complexes entre les deux voisins en montrant d'une façon un peu sentimentale les « hauts » et les « bas », et n'avait rien de révélateur. Son importance venait des conclusions tirées de ce résumé des relations historiques et ce sont justement ces

---

niemiecki w polityce zagranicznej Francji, [Le problème allemand dans la politique étrangère de la France],Varsovie, 1985, p. 17.

[3] http://www.msz.gov.pl/pl/aktualnosci/wiadomosci/50_lat_od_podpisania_traktatu_elizejskiego [cinquante ans depuis la signature du traité d'Élysée]. Le 23 février 1963 l'ambassadeur polonais à Paris Jan Druto remit au ministre français des Affaires étrangères une note exprimant l'inquiétude de la Pologne provoquée par la signature du Traité du fait de la politique révisioniste de la RFA. (voir Maria Pasztor, *Między Paryżem, Warszawą i Moskwą. Stosunki polsko-francuskie w latach 1954-1969*,[Entre Paris, Varsovie et Moscou. Les relations polono-françaises 1954-1969], Toruń, 2003, p. 77-80.

[4] À propos du millénaire de la nation polonaise : *Le régime et la hiérarchie catholique*, La Documentation Française, n° 0.1798, série d'articles et de documents, p. 3-25 ; *Dialog Polsko-Niemiecki w Swietle Dokumentow Koscielnych*, Paris, Instytut Literacki, 1966.

constatations qui nourrissaient par la suite la polémique. Tout d'abord l'accent fut mis sur la dette que la Pologne avait vis-à-vis de la culture occidentale en général, et de la culture allemande en particulier. Ce mode d'intérpretation des relations culturelles aurait pu être à la rigueur accepté par le régime et les fidèles car il ne s'éloignait visiblement pas du paradigme traditionnel présent même dans le discours courant. Ce qui était nouveau et bouleversant en revanche, c'était le passage concernant l'histoire plus récente, car d'un côte il révélait l'hostilité de l'Église envers le régime actuel en Pologne, et de l'autre il touchait aux sensibilités de la majorité des Polonais. La constatation que « notre pays n'est pas sorti vainqueur de ce massacre en masse », (c'est-à-dire de la Seconde Guerre mondiale) pouvait être reconnue comme audacieuse, mais les références à la contrainte exercée par les puissances victorieuses, parmi lesquelles la Pologne n'était pas incluse, lors des expulsions de milliers des Polonais vivant dans les territoires orientaux et leur transfert dans ce que la lettre désignait comme « les territoires occidentaux de Potsdam », ne pouvait plaire aux ténants du régime. Moins encore la formule se trouvant dans une de dernières phrases, exprimant la compassion pour les souffrances des expulsés allemands et decrivant la frontière polono-allemande comme « un fruit extrêmement amer de la dernière guerre (pour l'Allemagne) ». Le plus bouleversant résidait dans cette excuse : « Nous pardonnons et nous demandons pardon[5] ».

Une déclaration d'une telle importance rompait avec le discours officiel polonais et se plaçait d'emblée sur un plan moral, d'autant plus que l'Église était une institution importante dans la société polonaise. Ce statut particulier de l'Église catholique en Pologne explique d'ailleurs en partie les réactions d'opposition violente du pouvoir communiste à l'époque. Les attaques contre l'Église polonaise étaient en quelque sorte facilitées par la réponse des évêques allemands, venue assez tard (le 7 décembre 1965). Leur lettre était beaucoup plus courte et plutôt tiède, comme si l'humilité des évêques polonais était une évidence même qu'on enregistre, mais qui ne demande pas de faire un geste spectaculaire dans l'autre sens. De plus, la réponse rappelait la légitimité du « droit à la terre natale » (*Heimatrecht*) des expulsés allemands

---

[5] Le texte complet de la « Lettre » se trouve toujours sur le portail de l'ambassade de Pologne à Berlin (www.berlin.polemb.net/index.php ?document=118) dans la rurique « Wichtige Dokumente ».

tout en affirmant que cela n'avait pas de signification aggressive parce que, sur les territoires accordés à la Pologne, grandissait la nouvelle génération polonaise, qui avait aussi droit à cette terre natale.

Ceci a touché sensiblement le Polonais moyen et le poussait à participer aux manifestations de protestation qui eurent lieu un peu partout, encouragées par les autorités. « Trybuna Ludu », l'organe officiel du Parti communiste, attaquait les évêques des deux pays en oppposant à leur action la position « progresiste » de l'Église évangélique allemande (*Evangelische Kirche Deutschlands* – EKD) qui, un an auparavant (1er octobre 1965), avait publié un « Mémorandum sur la position des expulsés dans une Allemagne divisée et les relations du peuple allemand avec les voisins de l'Est », dans lequel elle réconnaissait quelques arguments polonais et envisageait la nécessité de la reconnaissance définitive de la frontière Oder-Neiss dans un avenir proche, et en tout cas avant la réunification de l'Allemagne[6].

Toutes ces polémiques, et leur escalade, avaient un effet considérable sur l'opinion publique car elles admettaient, au fond, la nécessité du dialogue, et rompaient avec l'attitude monolitique de l'État polonais. L'hypothèse que l'esprit du traité de l'Élysée y était présent paraît donc de plus en plus fondée, et d'autant plus à la lumière de faits. Comment comprendre autrement que quatre ans plus tard, le 7 décembre 1970, Willy Brandt, chancelier allemand, et Jozef Cyrankiewićz, premier ministre polonais, puissent signer un accord sur la normalisation des relations entre les deux pays, ouvrant le chemin vers la réconciliation ?

La signature de ce Traité fut précédée par un geste inattendu du chancelier ouest-allemand, Willy Brandt, s'agenouillant devant le Mémorial à la mémoire des victimes du Ghetto de Varsovie. Cette image s'ajoutait aux symboles que nous rappelons ici, et est devenue aussi emblématique pour la réconciliation entre l'Allemagne et ses voisins orientaux que le traité d'Élysée pour la réconciliation franco-allemande. Le « *Kniefall* », marquant la volonté de repentance de l'Allemagne pour sa responsabilité dans les crimes de la Seconde guerre mondiale, était la meilleure réponse à l'appel des évêques polonais, et fait encore partie de la mémoire européenne[7]. D'autres actes symboliques

---

[6] André LIEBICH, « "La lettre des évêques" : Une étude sur les réactions polonaises à l'Ostpolitik de la RFA », *Études internationales*, vol. 6, n° 4, 1975, p. 507-511.

[7] Cf. Anne BAZIN, « Excuses et gestes symboliques dans le rapprochement de l'Allemagne

devaient apparaître sur ce chemin. À l'automne 1989, dans le processus de chutes de gouvernements communistes en Europe centrale, c'est Václav Havel, encore simple dissident, qui adressa des excuses aux Allemands des Sudètes expulsés à la fin de la guerre. À Krzyzowa, en Silésie, le chancelier ouest-allemand Helmut Kohl et le nouveau premier ministre polonais Tadeusz Mazowiecki, le 12 novembre 1989, à l'issue d'une « *messe de la réconciliation* », eurent un geste d'accolade marquant la volonté de réconciliation. Comme dans le cas du choix de la cathédrale Reims, ici aussi, l'histoire était présente. En Silésie, qui appartenait auparavant à l'Allemagne, cette petite ville de Krzyzowa (Kreisau) est asssociée au mouvement de résistance allemande au nazisme liée avec la famille von Moltke[8]. Mazowiecki et Kohl, les deux catholiques, assistant ensemble à la messe accomplirent ce geste de paix à la fin de la cérémonie, pour montrer « qu'une nouvelle ère avait commencé dans les relations germano-polonaises[9] ».

Ce sont là autant de moments qui ont contribué à la reconnaissance des souffrances infligées de part et d'autre, et ont marqué des étapes déterminantes dans les processus de rapprochement de l'Allemagne avec ses voisins tchèque et polonais. Ils s'inscrivent dans une perspective de réconciliation clairement énoncée (à partir de 1989 en tout cas), après un double événement traumatique de l'histoire commune, la Seconde Guerre mondiale et l'occupation allemande d'une part, l'expulsion des populations allemandes d'Europe de l'Est de l'autre. On s'interrogera ici sur la place et le rôle des excuses dans le processus de rapprochement entre l'Allemagne et ses voisins polonais et tchécoslovaque/tchèque, depuis la fin de la guerre.

L'approche pratique que les hommes d'État, De Gaulle et Adenauer, en 1963, ont tiré du fait que l'Europe constitue une unité civilisatrice et spirituelle, s'avérait très utile dans la politique étrangère. Dans les conditions nouvelles après la chute du communisme, la Pologne et l'Allemagne décidèrent de continuer cette grande œuvre. Cette initiative aboutit à ce qu'on a baptisé le Triangle de Weimar, auquel nous consacrerons plus d'attention ici.

---

avec ses voisins à l'Est », *Raison publique*, n° 10, mai 2009, p. ?
[8] *Ibidem*.
[9] Helmut KOHL, *Erinnerungen 1982-1990*, Munich, Droemer, 2005, p. 981.

La réconciliation polono-allemande après la chute du rideau de fer s'imposait non seulement comme l'aboutissement d'un long processus, mais aussi comme la condition *sine qua non* du progrès de la construction européenne. L'instauration du Triangle de Weimar eut lieu officiellement le 28 août 1991, donc deux ans après la fin du communisme en Pologne deux ans après la chute du mur de Berlin, et un an après la réunification allemande. Le choix de la date et du lieu de la rencontre fondatrice ne fut pas un hasard. Le 28 août est l'anniversaire de la naissance de Goethe, le plus grand poète allemand. Weimar est elle aussi symbolique. Cette ville de Thuringe est non seulement associée à Goethe et Schiller, qui y vécurent, mais aussi au premier régime démocratique allemand – la République de Weimar. Le vingtième siècle y ajouta un autre symbole ombragé – Buchenwald, le camp de concentration nazi, constituant un memento pour les Allemands et les Européens. Ainsi le Triangle de Weimar s'est ancré à l'histoire récente européenne avec le devoir de mémoire vis à vis du nazisme autant qu'à l'humanisme, à la démocratie et aux droits de l'homme[10].

L'initiative de cette coopération étroite entre la Pologne, l'Allemagne et la France revient au ministre des Affaires étrangères allemand Hans-Dietrich Genscher[11]. Cet homme politique, fidèle partisan de la coopération européenne, avait réuni dans cette ville ses homologues polonais et français, Krzysztof Skubiszewski et Roland Dumas. Le cadre plus large de cette coopération était déjà bien établi. À l'ancien traité de l'Élysée s'ajoutait les traités que la Pologne venait de signer récemment avec la France (le traité d'amitié et de solidarité du 9 avril 1991) et avec l'Allemagne (le traité sur les relations de bon voisinage et de coopération amicale du 17 juillet 1991). Remarquons encore qu'à la « charte » de l'amitié franco-allemande s'ajoutait la Charte de Paris, signée à Paris le 21 novembre 1990 par les Polonais, les Allemands

---

[10] Bogdan Koszel, *Polacy i Niemcy w Unii Europejskiej (2004–2009). Główne problemy i wyzwania*, [Polonais et Allemands dans l'Union européenne. Principaux problèmes et défis], Instytut Zachodni Poznan, Policy Papers n° 4, 2010, p. 66.
[11] Helena Wyligala, *Trojkąt Weimarski. Współpraca Polski, Francji i Niemiec w latach 1991-2004*, [Le Triangle de Weimar. La coopération de la Pologne, la France et l'Allemagne dans les années 1991-2004], Toruń ,Wyd. A. Marszałek, 2010, p. 121.

et les Français conjointement avec leurs partenaires, dans le cadre du processus de la CSCE[12].

La base du futur ordre de paix européen s'élargissait. Ce qui ressortait visiblement de la nouvelle constellation, c'était indubitablement la volonté d'associer la France à la réconciliation germano-polonaise. Autrement dit, il s'agissait de ne pas laisser l'Allemagne et la Pologne seules dans leurs efforts pour la solution des conflits du passé, et de contribuer aux démarches reéciproques du reconciliant voisinage. Il n'est pas difficile d'imaginer que lors de cette rencontre, chacun des participants avait également à l'esprit les mots de Robert Schuman, le 9 mai 1950, à propos des « réalisations concrètes », de « la solidarite de fait » et de la « nécessité d'éliminer l'opposition séculaire de l'Allemagne et de la France ». Cette fois, ces vœux se traduisaient par l'impératif de normalisation des relations entre la Pologne et l'Allemagne. Les souvenirs tragiques de la guerre qui avait coûté la vie à 6 millions de Polonais, soit de 15 % de la population, étaient toujours présents dans la mémoire collective, entretenus par le régime communiste, qui s'en servait adroitement[13]. L'effort pour surmonter le passé demandait de l'audace et une perspective rassurante. Le Triangle de Weimar semblait repondre à cette attente, et pouvait donc ouvrir la perspective d'une transformation du tandem franco-allemand, considéré comme le moteur de l'integration européenne, à un engin plus perfectionné à trois temps.

La premiere déclaration de ce nouveau trio y faisait une allusion explicite :

> « C'est notamment la coopération régionale transfrontière qui permettra de rendre le rapprochement entre les pays de l'Europe perceptible aux citoyens. Cette coopération va désormais de soi entre l'Allemagne et la France et à la frontière entre l'Allemagne et la Pologne, elle est une clef pour la future vie en commun des États et de leurs citoyens. Les structures confédérales paneuropéennes se feront de plus en plus nombreuses[14]. »

---

[12] Victor-Yves GHEBALI, « La CSCE dans l'Europe de l'après-guerre froide », *Revue de l'OTAN*, vol. 31, n° 1, 1991 p. 9.

[13] Jerzy HOLZER, « La réconciliation germano-polonaise », *Revue d'études comparatives Est-Ouest*, vol. 31 n° 31, p. 68.

[14] *Zbiór Dokumentów* [Recueil des Documents], Ministère des Affaires étrangères de

Outre cette tâche de réconcialiation, se dessinait le besoin de la part des membres occidentaux du Triangle de Weimar du soutien à la Pologne dans ses démarches visant l'adhésion au système de sécurité transatlantique de l'OTAN et à l'Union européenne. La France nourrissait aussi le souhait, non avoué, de veiller à ce que l'Europe de l'Est ne soit pas laissée sous seule influence allemande.

En donnant libre cours à l'imagination et en s'inspirant du mythe fondateur, on pouvait espérer beaucoup plus de cette initiative. Après les dernières décennies de clivage idéologique de l'Europe, une instance telle que le Triangle de Weimar pourrait devenir un vrai laboratoire d'idées, un lien entre cultures germanique, slave et latine, et un pont entre héritage européen de l'Est et de l'Ouest[15].

La première déclaration formulée à Weimar n'excluait pas des tels rêves :

> « Nous entendons mener une politique de coopération globale dans les domaines de la culture, de l'éducation, des sciences, des médias et des programmes d'échanges. Nous continuons d'avoir pour but de promouvoir les rencontres humaines par-delà les frontières nationales et linguistiques partout où elles sont possibles. Cependant, il ne faut pas oublier que l'on se trouve en présence de méthodes différentes dans l'organisation de l'État ainsi que de la société, et donc dans les façons d'aborder les problématiques européennes[16]. »

Le cours des événements a fait que le Triangle de Weimar n'a pas dépassé le stade du mécanisme trilatéral informel de consultation, pour lequel il n'y a ni document fondateur, ni accord étatique, et pour lequel il n'existe pas même un secrétariat permanent. Néanmoins la collaboration embrasse progressivement de nouveaux champs et les discussions s'élargissent. Les sommets ont lieu une à deux fois par an et, pour le grand public, ce sont les seuls signes visibles de l'existence du Triangle de Weimar. Les beaux jours et les réussites authentiques du Triangle restaient donc souvent à l'ombre de ces rencontres devenues

---

Pologne, n° 3, 1991, p. 23.
[15] Charlotte NOBLET, « Le Triangle des Bermudes de Weimar », *Gazette de Berlin*, n° 20, 15-28 mars 2007, www.lagazettedeberlin.de/triangle_de_weimar_2.
[16] *Zbiór Dokumentów, op. cit.*, p. 24.

rituelles, tandis que quelques échecs trouvaient un écho demesuré. Ainsi en 2003, alors que le couple franco-allemand s'était fermement opposé à la politique étrangère américaine, la Pologne, très atlantiste à cette époque, avait envoyé des soldats en Irak. La malencontreuse phrase de Jacques Chirac d'après laquelle la Pologne « a[vait] perdu une belle occasion de se taire[17] », avait fait très mauvaise impression à Varsovie. Deux années plus tard, l'arrivée au pouvoir de l'eurosceptique et controversé président Lech Kaczynski avait assombri les relations avec Paris et Berlin. D'autre part, les sujets de mésentente entre les voisins séparés par la ligne Oder-Neisse s'étaient multipliés, surtout par le biais d'articles provocateurs dans la presse allemande et polonaise[18]. De là à un constat d'épuisement de la formule du Triangle, il n'y avait qu'un pas, et ce d'autant plus que les deux objectifs principaux étaient déjà réalisés. La Pologne avait intègré l'OTAN en 1999 et était devenue membre de l'Union européenne le 1er mai 2004 avec sept autres pays de l'Europe orientale. L'impression que le Triangle était devenu en grande partie obsolète s'imposait d'autant plus que ces adhésions se faisaient en convois, et non par des étapes qui auraient mis la Pologne en vedette.

La liste des déceptions s'allongeait. Le Triangle n'a pas fonctionné quand l'Europe occidentale et la Russie se sont entendues sur la construction du gazoduc Nord Stream contournant la Pologne en 2005. Pendant le conflit entre la Géorgie et la Russie en 2008, les présidents polonais et français ont chacun essayé d'arriver à Tbilissi avant l'autre. Les dirigeants français ont miné – avec plus ou moins de réussite – les initiatives polonaises sur la défense en 2010, la gouvernance économique en 2011 ou encore les tentatives de faire siéger un ministre des Finances de la présidence polonaise aux réunions de l'Euro-groupe[19].

En somme, le Triangle de Weimar n'a pas bonne presse. Les uns affirment que politiquement il est au point mort[20], d'autres précisent

---

[17] Conférence de presse de M. Jacques Chirac (17 février 2003), *Le Monde Diplomatique*, 12 février 2004. Sur le rôle de ces stéréotypes voir Anna Kryst, « Je t'aime, moi non plus – Francophiles les Polonais ? », www.lepetitjournal.com/varsovie.html, 6 avril 2011.
[18] Maciej Lukaszewicz, « Trójkąt Weimarski po 15 latach », [Le Triangle de Weimar après 15 ans], *Bezpieczeństwo Narodowe*, n° 2, 2006, p. 110.
[19] « Le triangle de Weimar sort de l'oubli », *Gazeta Wyborcza*, Varsovie, 8 février 2011, http://www.presseurop.eu/fr/content/article/494141.
[20] Piotr Maciej Kaczynski, « Le triangle de Weimar en veilleuse », *Le Monde*, 29 novembre 2011.

que cet état dure depuis huit ans[21]. Tous ajoutent en chœur que son histoire est avant tout une histoire d'échecs. En s'inclinant devant ces opinions, nous sommes pourtant convaincus que sous les cendres couvent sous le feu et que des étincelles qui en surgissent peuvent encore incendier l'imagination.

Remarquons tout d'abord que le Triangle de Weimar a beaucoup de partisans et que son activité ne doit pas être mesurée par les résultats des sommets. Des rencontres moins fréquentes au niveau de chefs d'État et de gouvernement sont vives au niveau ministerielle embrassant non seulement les affaires étrangères. Depuis que la Pologne fait partie de l'OTAN, les ministres de la Défense se sont également rencontrés à intervalles réguliers. Les ministres des Finances et de la Justice ont eux-aussi fréquemment participé à des rencontres trilatérales. Les rencontres des parlementaires des trois pays membres doivent être évoquées, au même titre d'ailleurs que celles des délégués régionaux, qui ont fait part, lors de la « déclaration de Malopolska » à Cracovie en juin 2000, de leur volonté de créer de nouvelles formes de coopération entre les régions allemandes, françaises et polonaises, avec de nombreux jumelages de villes, de lycées et d'universités. Dans le cadre de la coopération décentralisée, il existe également des coopérations inter-régionales du Triangle de Weimar (Nord-Pas-de-Calais, Rhénanie-du-Nord-Westphalie et Silésie ; Île-de-France, Brandebourg et Mazovie ; Limousin, Bavière et Poméranie)[22].

Où donc gît le lièvre ? Il nous semble que le principal handicap réside dans l'incapacité, ou plutot l'indolence, àelever cette coopération au niveau de trois partenaires égaux. Si le dialogue de deux pays qui étaient « dedans » avec un autre qui est resté « dehors » était acceptable et compréhensible avant l'adhésion de la Pologne (et d'autres pays post-communistes) à l'Union européenne, il devient cariacatural et prétentieux après 2004. Logiquement, les objectifs premiers du Triangle devraient être progressivement dépassés par de nouveaux projets communs, et remplacer la tutelle par un plein partenariat entre trois membres égaux, susceptibles de devenir le moteur d'une Europe élargie.

---

[21] M. Ohnmat au colloque « Le triangle de Weimar a 20 ans », Maison de l'Europe à Paris, 18 octobre 2011, cité d'après ww.paris-europe.eu/IMG/pdf/.
[22] H. Wyligala, op. cit., p. 134.

Au lieu de cela, on a toujours le couple franco-allemand d'une part, et la Pologne d'autre part. Le réflexe paternaliste semble se figer. Du point de vue politique, la Pologne était dès le début quelque peu délaissée au sein du Triangle. Elle est également restée le côté faible du Triangle sur le plan économique. Son économie ne représente plus qu'un tiers de l'économie française et un quart de l'économie allemande. Bien qu'elle dispose d'un taux de croissance soutenu (4,3 % en 2011, 2,9 en 2012), plus important que celui de ses deux partenaires d'Europe de l'Ouest[23], ce pays compte toujours parmi les plus pauvres de l'UE, avec un PIB par habitant équivalant à 62 % de celui de la moyenne de l'UE, contre 107 % en France et 117 % en Allemagne. Sa population demeure aussi plus restreinte, avec 38 millions d'habitants contre 63 millions en France et 80 millions en Allemagne[24]. À cette marginalisation politique et économique, s'ajoutent certaines négligences sur le plan de la défense.

À cette perception, s'ajoutent quelques impondérables présents non seulement dans l'attitude de dirigeants politiques ou des entrepreneurs qui s'installent en Europe centrale, mais aussi dans le comportement de M. Dupont ou de M. Schmidt. La longévité des stéréotypes, datant souvent encore de l'époque des partages, comme la notion de « *polnische Wirtschaft* » ou de « *l'anarchie polonaise* », servent de mots de passe.

Or, cette prolongation du « rideau de fer » dans les consciences ne doit être ni souhaitable ni convenable au sein de l'Union européenne. À la lumière du 50ᵉ anniversaire du traité d'Élysée, elle apparaît nocive à toute discussion relative à une vision commune de l'avenir de l'Europe. Aujourd'hui, neuf ans après l'unification européenne, il est absolument indispensable que les conceptions des partenaires impliqués changent radicalement. Ils doivent dès maintenant débattre ensemble de l'évolution et des finalités de la politique européenne. Évidemment, cet état des choses inquiète de nombreux publicistes et pousse à exprimer quelques regrets. En général, on s'accorde sur l'idée que les relations entre la Pologne et l'Allemagne progressent sur le chemin la de réconciliation à un rythme normal. La proximité crée des liens

---

[23] 3 % en 2011 et 0,3 % en 2012 pour l'Allemagne, 1,7 % en 2011 et 0,2 % en 2012 pour la France, d'après Jean-Pierre Robin, « FMI : la croissance française sera quasi nulle en 2012 », *Le Figaro*, 24 janvier 2012.
[24] Cité d'après P-M. Kaczynski, *art. cit.*

d'intérêts qui peuvent même surprendre, comme ce fut le cas à l'occasion d'un discours retentissant prononcé à Berlin en novembre 2011 par le ministre des Affaires étrangères, Radoslaw Sikorski. Le ministre polonais a invité les dirigeants allemands à prendre leurs responsabilités face à la crise. « Je redoute moins la puissance allemande que je ne commence à redouter l'inaction allemande[25] » a-t-il dit. Les conclusions des analystes sont presque unanimes : le Triangle de Weimar mérite et exige une réanimation, mais la clé pour le faire revivre et le renforcer est dans les mains des Français. On attend que Paris repense la place de la Pologne en Europe. Certains tirent la sonnette d'alarme, comme l'envoye spécial du *Monde*, qui accuse les hommes politiques français du « grand ratage[26] » :

> « Il faut arpenter, aujourd'hui, les allées du pouvoir à Varsovie pour mesurer le gâchis. Il faut entendre les ministres et les commentateurs soupirer à l'évocation de la France. Le capital sympathie a été dilapidé depuis la chute du mur de Berlin en 1989, qui a ouvert la voie au retour de la Pologne et de ses voisins dans le concert européen. [...] Que de blessures d'amour-propre, de rendez-vous manqués en vingt-trois ans ! Sur le plan politique, mais aussi économique. Malgré la présence de grands groupes français sur place, le solde commercial est négatif depuis 2009. L'Allemagne est, de très loin, le premier partenaire. »

En effet, la Pologne, qui regardait toujours vers la France et qui est le seul pays au monde qui fasse allusion à Napoléon Bonaparte dans son hymne national[27], maintenant tourne le dos à la langue française. Et ceci n'est pas seulement l'effet de la prépondérance mondiale de l'anglais. C'est la présence française en Pologne qui fait défaut, en se manifestant principalement par des hypermarchés, semant l'image du capitalisme plus agressif que dans la métropole. Anna Kryst met en garde :

> « Si des démarches de longue haleine, intelligentes, tenant compte

---

[25] « Sikorski supplie l'Allemagne d'agir », 30 novembre 2011, *Presseurop/Gazeta Wyborcza* (http://www.presseurop.eu/fr/content/news).
[26] Piotr Smolar, « Pologne, le grand ratage de la France », *Le Monde*, le 15 décembre 2012.
[27] Voir Bronisław Geremek et Marcin Frybes (dir.), *Kaleidoscope franco-polonais*, Varsovie, éditions Noir sur Blanc, 2004.

des susceptibilités des uns et des autres et, surtout, pourvues de moyens suffisants, ne sont pas entreprises, la fidélité indéfectible des Polonais à la France risque d'essuyer un sérieux revers[28]. »

Dans son approche de la Pologne, la France semble être guidée par un certain pragmatisme à court terme. Ainsi, dans la question de la défense européenne, elle considère la Grande-Bretagne comme un partenaire plus important que la Pologne ou même l'Allemagne. Et l'Euro-groupe ? Si la Pologne souhaite réellement siéger aux réunions, le meilleur moyen reste encore d'adhérer à la zone euro. Ceci empêche évidemment de trouver une langue commune. Pourtant, en termes géopolitiques, on apprécie à Paris que la Pologne représente le plus grand pays d'Europe centrale et probablement le seul avec lequel il faille traiter, mais des préférences quotidiennes vont dans l'autre sens…

Aujourd'hui, la diplomatie française entend réactiver le Triangle de Weimar. « La France a beaucoup à investir du côté de l'Europe de l'Est », a récemment précisé Laurent Wauquiez, ministre délégué français aux Affaires européennes[29]. Celui-ci pourrait même se placer dans une formule augmentée de la Russie. Passer par le triangle de Weimar permettrait de s'appuyer sur la longue amitié franco-russe, ainsi que celle qui existe entre Vladimir Poutine et Angela Merkel, pour apaiser les relations entre les deux pays de l'ex-bloc soviétique.

La faiblesse du côté polonais du Triangle n'est pas seulement provoquée par les facteurs énumérés plus haut. Les Polonais ont aussi de leçons à tirer du passé récent, en commençant par la nécessité de combler leurs lacunes en termes d'intensité des relations avec les deux autres pays du Triangle de Weimar. Pour corriger leur position, les Polonais essayent de rassembler des coalitions au niveau européen et ont renforcé leur coopération avec d'autres pays d'Europe centrale (notamment par l'intermédiaire des sommets réguliers du groupe de Visegrad), les pays baltes ou, plus largement, les nouveaux États membres et les pays les moins avancés économiquement. Ceci renforce la position de Varsovie vis-à-vis de Berlin et Paris, sans pour autant lui conférer le droit de représenter l'ensemble des pays d'Europe centrale et

---

[28] A. Kryst, *art. cit.*
[29] « Qu'est-ce que le Triangle de Weimar ? » 18 octobre 2011 (http://www.touteleurope.eu/fr/nc/print/divers/t)

orientale. En s'inspirant de bon fonctionnement du « Fonds Visegrad[30] », Mikołaj Dowgielewicza a proposé à ses collègues allemands et français le 1er février 2010 à Varsovie de créer un « fonds de Weimar » pour financer les projets trilatéraux. Le gouvernement polonais était disposé à contribuer à hauteur d'un million d'euros. La proposition n'a pas été retenue par les partenaires de Berlin et de Paris[31].

Il y a encore une autre approche du Triangle de Weimar qui nous fait remarquer qu'entre les sommets, il y a de larges vallées où des signes de la revitalisation de cette formule à trois sont plus réconfortants. Là, on voit que le facteur primordial dans ce processus de coopération réside dans l'implication de la société civile[32]. Les étincelles qui jaillissent d'en bas sont nombreuses. Telle la fondation Genshagen qui, avec succès depuis huit ans, propose des programmes aux jeunes des trois pays avec coopération de partenaires externes et internes, et organise réunions et séminaires sur plusieurs plate-formes : politique et sécurité, éducation et intégration, médias et journalisme, art et culture, animant le processus de la formation de l'opinion publique[33]. Positif est aussi le rôle joué par le Comité pour la promotion de la coopération France-Allemagne-Pologne, sous la présidence de Klaus-Heinrich Standke, Henri

---

[30] Le Fonds de Visegrad (International Visegrad Fund) a été établi le 9 juin 2000 par les membres du goupe de Visegrad pour financer les projets internationaux ayant pour but de renforcer la coopération régionale et de faciliter la recherche dans ce sens. Son siege est situé à Bratislava.

[31] Klaus-Heinrich. STRANDKE, « Quo vadis Triangle de Weimar ? Nécessité d'élaborer un cadre conceptuel pour revitaliser le Triangle de Weimar », in Klaus-Heinrich STANDKE (dir.) *Le triangle de Weimar en Europe : La coopération franco- germano-polonaise. Origine – Potentiel – Perspectives* », Toruń, Édition Adam Marszalek, 2010, p. 861.

[32] « Le triangle de Weimar peut avoir également une grande importance à l'égard de nos sociétés civiles », Conférence de presse conjointe de M. Nicolas Sarkozy, président de la République Française, de M. Bronisław Komorowski, président de la République de Pologne et de Mme Angela Merkel, chancelière de la République fédérale d'Allemagne, déclaration Varsovie – à l'issue du huitième Sommet du Triangle de Weimar, 7 février 2011, *Gazeta Wyborcza*, 8 février 2011.

[33] La Fondation Genshagen est une fondation de droit civil, dotée d'une personnalité juridique, reconnue d'utilité publique. Ses fondateurs sont le *Land* du Brandebourg ainsi que la République fédérale d'Allemagne représentée par le délégué du gouvernement fédéral à la Culture et aux Médias (BKM). La fondation ne dispose de moyens financiers que pour la mise en œuvre de ses propres projets. Elle s'engage pour le dialogue entre les sociétés civiles allemande et française et de plus en plus aussi avec le voisin polonais. Voir http://www.stiftung-genshagen.de.

Ménudier et Zdzisława Najder fondé en 2002[34]. Ce comité organise des rencontres dans un petit triangle de Weimar embrassant trois regions. L'Office franco-allemand pour la Jeunesse (OFAJ), organisation internationale au service de la coopération franco-allemande siégeant à Paris et à Berlin, joue également un grand rôle. Créé par le traité de l'Élysée en 1963, l'Office a pour mission d'encourager les relations entre les jeunes des deux pays, de renforcer leur compréhension et, par là, de faire évoluer les représentations du pays voisin. L'OFAJ apporte son soutien à des échanges et des projets de jeunes Français et Allemands sous diverses formes : échanges scolaires et universitaires, cours de langue, jumelages de villes et de régions, rencontres sportives et culturelles, stages et échanges professionnels, bourses de voyage, travaux de recherche. Depuis plusieurs années, il élargit ses activités aux pays de l'est de l'Europe, dont surtout la Pologne, et du pourtour méditerranéen[35]. 61 000 jeunes participent chaque année à un échange scolaire franco-allemand, et 6 000 étudiants suivent un cursus dans le pays partenaire (Source :). Chaque année, 10 000 bacheliers français et autant d'Allemands passent le bac franco–allemand (Abibac). Environ 80 000 élèves sont inscrits dans des classes bilingues français-allemand, et 22 % des élèves français apprennent aujourd'hui l'allemand. Vu de cette perspective, l'élargissement vers l'Est ne signifie pas le déclin du Triangle, mais au contraire constituait une impulsion en augmentant les possibilités de se déplacer plus facilement et de trouver plus aisément des fonds pour que ces relations réciproques fleurissent. Mais les statistiques ne sont pas encourageantes. Chaque année, environ 200 000 jeunes participent à des rencontres franco-allemandes,

---

[34] Komitee zur Förderung der Deutsch-Französisch-Polnischen Zusammenarbeit e.V. (« Weimarer Dreieck ») voir http://www.weimarer-dreieck.eu.

[35] L'OFAJ (ou DFJW, Deutsch-Französisches Jugendwerk), dispose d'un budget de 20,8 millions d'euros, alimenté à part égale par des contributions gouvernementales françaises et allemandes. À cela viennent s'ajouter des fonds de concours, accordés notamment par les deux ministères des Affaires étrangères pour les échanges avec les pays d'Europe centrale et orientale et les pays du Sud-Est de l'Europe, ainsi que par le Fonds social européen (FSE) pour les programmes en faveur de jeunes chômeurs. Depuis 1963, l'OFAJ a permis à plus de 8 millions de jeunes Français et Allemands de participer à environ 300 000 programmes d'échanges. Il travaille avec plus de 7 000 partenaires et subventionne en moyenne chaque année plus de 10 000 échanges (http://www.ofaj.org/sites/default/files/Portrait).

140 000 participent à des manifestations germano-polonaises, et 2 000 seulement ont la possibisité de se rencontrer dans des manifestations franco-germano-polonaises[36]. Le prix Adam-Mickiewicz, du nom du poète polonais, décerné pour la première fois le 29 août 2006[37], à l'occasion du quinzième anniversaire de la création du Triangle de Weimar, éveille une compréhension constructive, réciproque et encourage le renforcement de la coopération trilatérale au niveau des régions (*Länder* allemands, *voïvodies* polonaises et régions françaises). Les autorités régionales polonaises, allemandes et françaises peuvent ainsi, conformément à leurs propres exigences, influer plus fortement sur la forme de la politique régionale et la politique de cohésion de l'Union européenne.

La coopération régionale dans le cadre du Triangle de Weimar répond aux fréquentes demandes d'identification de nouveaux territoires pour la coopération trilatérale. Des initiatives telles que « Trireg » ou « InterMareC » permettent en fin de compte d'institutionnaliser la « coopération de Weimar », ce que réclament depuis des années hommes politiques et experts.

L'utilisation du cadre triangulaire pour accélérer une coopération culturelle et scientifique et donner une nouvelle impulsion à des rapprochements des jeunes générations est donc possible et faisable. Est-il difficile imaginer qu'à l'ombre du sommet rituel vilipendant par exemple le régime de Loukachenko, on ouvre nos universités, polonaises dans un premier temps mais allemandes ou françaises par la suite, aux jeunes Biélorussiens qui ont le goût d'apprendre et qui ne veulent plus ni ne méritent d'être une génération perdue. À cette idée d'échange des jeunes non seulement dans le cadre du Triangle, mais aussi dans son voisinage, il faudrait mobiliser des directeurs d'instituts de recherche et des maires, négociant des accords de coopération trilatérale. Il est temps

---

[36] Goethe Institut, chiffres 2011 (http://www.goethe.de/ins/de/spr/enindex.htm).
[37] Les lauréats : 2006 – Roland Dumas, Hans-Dietrich Genscher, Krzysztof Skubiszewski ; 2007 – Polsko-Niemiecka Współpraca Młodzieży (PNWM), Deutsch-Polnisches Jugendwerk (dpjw) et l'Office franco-allemand pour la Jeunesse (OFAJ) ; 2008 – Władysław Bartoszewski, Rudolf von Thadden, Jérome Vaillant ; 2009 – Stéphane Hessel, Freya von Moltke, Zdzisław Najder ; 2010 – les régions Malopolska, Thuringe et Picardie ; 2011 – L'Institut de Goethego ? (Goethe Institut ?)à Munich, l'Institut Français et l'Instytut Adam Mickiewicz ; 2012 – Pr. Michał Kleiber, Pr. Jack Lang, Pr. Rita Süssmuth. (www.iam.pl*)*.

de réunir les conditions financières nécessaires à la création d'un fonds – même modeste – pour des activités au sein du Triangle de Weimar. Le manque de fonds doit faire rougir ses promoteurs. Sept longues années se sont écoulées depuis l'appel lancé dans ce sens par Hans-Dietrich Genscher dans une allocution d'ouverture à une conférence trilatérale organisée à Varsovie au ministère des Affaires étrangères le 17 juin 2006. Il y avait l'idée d'associer des partenaires publics et privés qui pourraient poser des bases durables au projet cofinancé par l'Union européenne[38].

C'est d'autant plus étonnant que le groupe de Višegrad (Pologne, Hongrie, Slovaquie, République tchèque), structure tout aussi informelle, était capable de créer en 2000 un fonds alimenté par les quatre partenaires. Doté à l'origine d'un budget annuel de 2 millions d'euros, ce fonds a été porté à 5 millions d'euros à partir de 2007 financés à parts égales par les pays partenaires. Ces ressources sont destinées à financer des projets dans des secteurs pour une large part identiques aux domaines d'action prioritaires de la coopération franco-germano-polonaise définis lors des sommets du Triangle de Weimar[39].

On a envie de s'indigner avec Stéphane Hessel (un de lauréats du prix Adam-Mickiewicz) aussi devant le fait que le « pilier polonais » au sein d'Arte ne soit pas encore réalisé et que les négociations en soient au point mort depuis 2009. Et pourtant, il paraît inutile de convaincre qui que ce soit que l'apport possible de cette solution doive servir à la rencontre des deux Europes[40].

Par ailleurs, les portails internet officiels franco-allemand et germano-polonais qui sont alimentés de manière bilatérale en allemand et en français et en allemand et en polonais par les ministères des Affaires étrangères des trois pays à Berlin, Paris et Varsovie, devraient être complétés par un portail internet trilatéral trilingue franco-germano-polonais.

Il est à regretter que les chefs d'États et de gouvernements, lors du huitième Sommet de Weimar le 7 février 2011 qui a eu lieu à Varsovie

---

[38] K.-H. STANDKE, *art. cit.*, p. 859.
[39] « Le Groupe de Visegrad, 20 ans après », *Politique étrangère*, 2012/1 (Printemps), p. 149.
[40] « Arte rompt ses relations avec la télévision polonaise », (publié le 9 mars 2009 par AMIFr), http://fr.altermedia.info.

à l'occasion du vingtième anniversaire du Triangle, n'ont pas vu la nécessité de formuler ensemble une déclaration solennelle au sujet de l'avenir du Triangle. De plus, il est également inquiétant de noter que lors des trois dernières rencontres des ministres des Affaires étrangères, le 27 avril 2010 à Bonn, le 23 juin 2010 à Paris et le 20 mai 2011 à Bydgoszcz, contrairement aux rencontres précédentes, les questions liées à la société civile n'ont pas été abordées. Étant donné que le Triangle de Weimar repose sur une initiative des anciens ministres des Affaires étrangères datant de vingt ans, on s'étonne que, lors de leur seule rencontre en 2011, année anniversaire, les trois ministres des Affaires étrangères n'aient pas même évoqué le vingtième anniversaire du Triangle de Weimar. Il n'y a eu en conséquence aucune « Déclaration commune sur l'avenir du Triangle de Weimar », comme beaucoup l'avaient attendu. Ce déficit de projets contraste avec le fait que le président français Nicolas Sarkozy et la chancelière fédérale Angela Merkel ont adopté, lors douzième Conseil des ministres franco-allemands du 4 février 2010 à Paris, « l'Agenda Franco-allemand 2020 » qui comprend six grand thèmes et environ 80 projets pour une coopération franco-allemande renforcée.

L'action politique future sera donc largement déterminée par les modifications qui vont s'opérer au sein du « Triangle de Weimar ». Il s'agit de développer dans chacun des trois pays les grandes lignes d'un projet-cadre de coordination afin d'entériner la multiplicité des idées et propositions avancées à l'occasion des huit sommets du Triangle de Weimar et des dix-sept rencontres des ministres des Affaires étrangères.

Même dans une Europe de 28 ou 30 membres, la coopération bilatérale ou trilatérale pourra donner encore une impulsion complémentaire à la construction européenne. Il est indispensable que les milieux économiques et la société civile s'engagent aux côtés des gouvernements. Dans le contexte européen actuel, ce cadre gagnerait à être restauré. Il est sûrement exageré de penser à une alliance durable, mais de ce forum de rencontre, de dialogue et d'échange informel entre les trois pays, on pourrait aboutir à une coordination avancée[41].

---

[41] Bartosz T. WIELINSKI, « Le triangle de Weimar sort de l'oubli », *Gazeta Wyborcza*, 8 février 2011.

Comme le montre si bien l'exemple de la coopération franco-allemande de ces cinquante dernières années, une fois mise en place et ancrée, une coopération perdure et résiste aux changements politiques[42]. Dans cette hypothèse, une réanimation du Triangle serait plus que jamais nécessaire.

N'oublions pas que le Triangle de Weimar rassemble deux des États fondateurs de l'UE et l'économie la plus florissante d'Europe centrale et orientale. Ces trois peuples représentent ensemble non seulement une puissance économique, démographique et territoriale remarquable, mais ils partagent une forte aspiration européiste et combattent les vieux fantômes nationalistes. Partageant une « communauté de valeurs » assise sur des idéaux de paix, de liberté et de tolérance, à l'origine de la construction européenne, ces trois États sont l'espoir d'un nouveau souffle pour la construction et l'intégration européennes.

En matière de défense, le Triangle de Weimar a survécu tant bien que mal à des blocages et désaccords successifs, à la manière de l'intervention en Lybie où, lorsque la France s'engageait, l'Allemagne s'opposait et la Pologne s'abstenait. Il n'en demeure pas moins que les trois gouvernements réfléchissent aujourd'hui au projet d'une politique de défense européenne – qui était d'ailleurs l'une des grandes priorités affichées par la présidence polonaise en 2011. Le dernier projet commun du Triangle est le « *battle group Weimar* », qui regroupe Français, Polonais et Allemands, au 1er janvier de l'année courante, au sein de l'astreinte *battlegroup*, la force de réaction rapide de l'UE. La France accueille le quartier général de l'opération au Mont-Valérien tandis que l'essentiel de la force est fournie par la Pologne[43].

Ensuite, une étincelle jaillissant du Triangle de Weimar pourrait raviver les rapports diplomatiques de l'Union européenne, et de ces trois pays, avec l'un de leurs partenaires stratégiques majeurs : la Russie. Sous la dernière présidence polonaise, on parlait beaucoup du partenariat oriental, avec l'Ukraine en particulier. La France reste attachée à promouvoir le voisinage sud-européen, tandis que l'Allemagne tente d'intensifier ses relations avec la Russie. On pourrait donc envisager la

---

[42] Ulrike GUÉROT, « Noces d'or franco-allemandes : le couple est-il fini ? », *Politique étrangère*, vol. 7, n° 4, hiver 2012-2013, p. 756.
[43] Pierre TRAN, « French Minister Pushes for Stronger EU Defense », *DefenseNews*, 19 janvier 2011, www.defensenews.com.

contribution de ces deux États de l'Ouest au processus de réconciliation russo-polonaise. Cette coopération entre le Triangle de Weimar et la Russie serait l'occasion de définir, enfin, une politique plus unie et plus ferme de toute l'Union Européenne envers cet ancien ennemi de l'époque de la guerre froide[44].

Nous avons constaté plus haut que le Triangle de Weimar n'arrive pas à devenir un partenariat entre trois membres égaux et que la Pologne était souvent délaissée au profit de la relation spéciale entre la France et l'Allemagne, ce qui était vivement ressenti a l'époque « Merkozy[45] ». Les Français et les Polonais entretiennent pourtant une relation d'amitié exceptionnelle depuis des siècles, ces deux peuples ne s'étant jamais combattus sur les champs de bataille, s'unissant au contraire dans une même fraternité d'armes. La Pologne est aujourd'hui le premier associé commercial de la France en Europe centrale, et la France s'est imposée comme un partenaire industriel, scientifique et technologique incontournable sur le long terme. Ces relations devraient donc se faire sentir davantage au fil des prochaines années. Les deux gouvernements disposent d'un socle considérable d'intérêts communs, en particulier sur les questions européennes et internationales dont nombre sont également relayées par l'Allemagne. L'élection de François Hollande paraît être une opportunité pour l'approfondissement des relations franco-polonaises[46]. Pour arriver à ceci, la France doit pourtant retrouver sa crédibilité aux yeux des Polonais en réussissant ses réformes structurelles, en assurant qu'on peut péser en Europe sans l'euro et en affichant plus clairement sa confiance dans les institutions européennes.

---

[44] Arielle THEDREL, « Le "Triangle de Weimar" tend la main à la Russie », *Le Figaro*, 7 février 2011.

[45] Adam KRZEMINSKI, « Trójkąt weimarski reaktywacja ? » [Le Triangle de Weimar – réactivation ?], *Polityka*, 4 septembre 2010.

[46] Ce que soulignait Radosław Sikorski au moment de la visite du président français en Pologne : « La France et la Pologne sont des amis et des alliés de longue date. Il est naturel que nous collaborions pour relancer l'Europe de la défense. Cette visite aura également un important volet économique. Elle arrive à un bon moment, peu après que la Pologne a rejoint l'Agence spatiale européenne, où la France joue un rôle moteur. Nous venons de lancer le Fonds européen pour la démocratie qui peut également donner lieu à des actions communes pour défendre les droits de l'homme et la démocratie dans nos deux voisinages, à l'Est et au Sud » (interview de Pierre Rousselin, *Le Figaro*, 15 novembre 2012).

Tout mène donc les trois puissances à coopérer davantage au sein du Triangle de Weimar et donner une nouvelle dimension à l'acquis du traité d'Élysée.

Jozef Laptos

Le couple franco-allemand vu de Hongrie autour de l'année 1989

La coopération franco-allemande vue d'Europe de l'Est

> « Il n'est pas inutile de rappeler brièvement l'attitude des pays d'Europe centrale et orientale à l'égard de la France et de l'Allemagne dans les années quatre-vingt-dix. Lors de cette décennie, l'Allemagne représentait un grand espoir pour ces pays en rapport avec leur volonté d'adhésion. Elle appuyait systématiquement et sans faille l'élargissement de l'Union à l'Est. Elle était considérée par ces pays comme leur porte-parole auprès des institutions européennes. En revanche, la perception de la France était toute différente. Les pays candidats avaient tendance à voir dans la France un pays qui freinait, voire qui était hostile à l'élargissement[1]. »

Ces paroles ont été prononcées à la conférence intitulée « Le regard des autres : le couple franco-allemand vu par ses partenaires », organisée par l'institut Notre Europe en avril 2004. La présentation de Franciszek Draus – dont on peut lire un court extrait ci-dessus – montre, à travers les événements des années 2000, comment les pays d'Europe centrale et orientale ont approché la coopération entre Paris et Berlin. Dans son intervention, il parle de manière générale et en simplifiant cette question, mais il souligne l'intérêt d'analyser le couple franco-allemand du point de vue d'un pays tiers.

Si c'est un lieu commun de dire que la coopération de la France et de l'Allemagne est déterminante dans l'évolution des relations internationales en Europe, on ne trouve que peu d'études qui s'intéressent à l'appréciation de ce couple par un autre pays. Les travaux

---

[1] Franciszek Draus, « Les pays d'Europe centrale et orientale et la coopération franco-allemande », in *Le Regard des autres, le couple franco-allemand vu par ses partenaires*, Paris, Notre Europe, Études et Recherches, n° 33, avril 2004, p. 22-30 ; http://www.notre-europe.eu/media/etud33-fr.pdf?pdf=ok (11 octobre 2013).

qui examinent le fonctionnement du couple franco-allemand à une époque précise, et à partir des sources d'un des pays d'Europe centrale et orientale, sont encore plus rares. Pourtant, il serait faux de supposer que les gouvernements et diplomaties de ces États ne s'intéressaient pas à la coopération entre la France et l'Allemagne. L'ouverture de plus en plus large des archives prouve qu'au contraire beaucoup de documents concernent ce sujet, en particulier autour de l'année 1989.

Au tournant des années 1980 et 1990 les événements attirèrent particulièrement l'attention sur le couple franco-allemand. À cette époque, les États se trouvant derrière le rideau de fer ont tenté de se renseigner sur la coopération entre le président François Mitterrand et le chancelier Helmut Kohl. La Hongrie, qui avait ouvert ses frontières occidentales le 24 août 1989 pour permettre aux citoyens est-allemands de fuir vers l'Ouest, s'intéressa spécialement à l'analyse des rapports entre Paris et Bonn. Un grand nombre de documents diplomatiques et des services secrets portant sur la coopération franco-allemande de l'époque sont ainsi aujourd'hui disponibles aux chercheurs. Budapest s'est intéressée à ce sujet bien avant 1989. Lors de la signature du traité de l'Élysée le 22 janvier 1963, le gouvernement hongrois regardait ainsi avec beaucoup de méfiance l'institutionnalisation de la coopération franco-allemande. János Kádár, dirigeant de la Hongrie depuis 1956, commentait ainsi cet événement :

> « Ce nouveau traité qui a été récemment mis en place, est naturellement un traité de monopole français et ouest-allemand. C'est une sorte de coopération que la France et la RFA ont décidé d'entreprendre dans les domaines économique, politique, diplomatique et militaire. C'est un traité en effet où les deux parties contractantes ont des arrières pensées, comme d'habitude dans le cas des traités impérialistes. Comme on le sait, l'idée du général De Gaulle est qu'il s'appuie également sur la puissance économique ouest-allemande pour obtenir l'hégémonie française dans les affaires européennes. Adenauer de son côté pense soutenir le traité français tant qu'il n'obtiendra pas à son tour l'hégémonie en Europe Occidentale. L'âme de cette unité, de ce traité est naturellement – comme d'habitude – contre le peuple travailleur de ces deux pays, contre les peuples occidentaux, et représente un groupement économique, politique et militaire contre le

camp socialiste. [...] Ce traité est également dirigé de manière non négligeable contre les États-Unis et l'Angleterre. [...] Notre devoir est naturellement de combattre contre ce traité, comme contre tous les traités réactionnaires, avec les outils politiques, le travail d'information. Notre devoir est de dévoiler sa nature réactionnaire en particulier en ce que l'Allemagne de l'Ouest souhaiterait accéder par ce biais à l'arme nucléaire[2]. »

Les paroles de Janos Kádár résument bien la vision des autorités communistes hongroises sur la question de la coopération franco-allemande. Cette approche n'évolua pas beaucoup durant la période de la Guerre froide. Dans la coopération entre Paris et Bonn, Budapest voyait principalement un risque sécuritaire pour le bloc de l'Est ainsi que pour la Hongrie. Les autorités hongroises s'intéressaient particulièrement aux conséquences militaires, réelles et imaginaires, du traité de l'Élysée. À partir des années 1970, à côté des questions de défense, la politique et l'économie furent de plus en plus souvent évoquées concernant le couple franco-allemand. Dans les années 1980 enfin, cette coopération apparait de moins en moins suspecte, mais est vue comme un facteur déterminant pour l'avenir de la région.

La République fédérale d'Allemagne et la France du point de vue de la politique étrangère hongroise dans les années qui précèdent le changement de régime

Suite aux événements de 1956, la Hongrie dirigée par János Kádár se trouva pendant de longues années isolée du point du vue international. Le retrait de « l'affaire hongroise » de l'ordre du jour de l'assemblée générale de l'ONU à l'automne 1962, ainsi que la promulgation des décrets d'amnistie à partir de 1959, donnèrent à Budapest une plus grande marge de manoeuvre. Mettant en avant des facteurs de politique intérieure, les leaders hongrois souhaitaient s'ouvrir vers l'Europe occidentale dans les domaines économique, culturel et touristique.

---

[2] Extrait du discours de János Kádár, premier ministre hongrois à l'époque, prononcé à Csepel, le 5 avril 1963 ; le document a été communiqué par Zoltán Garadnai : Zoltán GARADNAI, *Iratok a magyar-francia kapcsolatok történetéhez (1963-1968)*, Budapest, Gondolat, 2008, p. 79-80.

Kádár tenta avant tout de privilégier l'augmentation du niveau de vie pour détourner l'attention du lourd héritage de 1956, et diminuer le vent de mécontentement. Dans cet objectif, la Hongrie tenta à la fin des années 1960 d'introduire notamment des réformes économiques, appelées « le nouveau mécanisme économique ». Ce projet ne vit le jour que lentement et progressivement, et sans dépasser les cadres rigides du régime. Mais la mise en place de ce plan permit le développement des échanges avec les pays d'Europe occidentale. C'est ainsi par exemple que dans les années 1970, la Hongrie acheta des équipements construits en Occident pour augmenter et rendre plus efficace sa production industrielle. En 1972, événement sans précédent dans le bloc de l'Est, Budapest autorisa la fondation d'entreprises mixtes avec des firmes occidentales. En 1974, l'Allemand Siemens fut la première entreprise à en profiter. En 1988, Budapest permit même l'installation sur le territoire hongrois d'entreprises de propriété exclusivement étrangère. Cette décision renforça l'intérêt des Occidentaux pour ce pays[3].

Les réformes économiques hongroises furent suivies de mesures sociales pour satisfaire la population. Furent ainsi décidées des compensations de salaire, la diminution du temps de service militaire, et en 1979 la suppression de l'obligation d'un visa pour circuler entre la Hongrie et l'Autriche. À partir de 1987, tous les Hongrois pouvaient détenir un passeport. Budapest semblait ainsi s'éloigner du communisme soviétique. Suite à la signature des accords d'Helsinki, l'activité de l'opposition devint plus intense, et la répression moins sévère. On ne peut toutefois pas parler de changement profond, le régime de type soviétique restant alors une réalité intacte. À partir des années 1980, « la fermentation » intérieure du parti au pouvoir devint de plus en plus forte, mais la Hongrie restait membre du camp communiste, tout en semblant être un des pays les plus vivables et les plus ouverts du bloc de l'Est.

À partir des années 1970, suite au changement intervenu dans la politique étrangère américaine vis-à-vis du bloc de l'Est, Kádár et son régime semblaient aux Occidentaux de plus prêts à s'engager dans une voie de lente démocratisation et à prendre de la distance à

---

[3] István Kőrösi, « A magyar-német gazdasági kapcsolatok fejlődésének húsz éve (1989-2009) a tíz új Eu-tagországgal összehasonlítva » *in Külügyi Szemle*, 2009, n° 3, p. 13-14.

l'égard de l'Union soviétique[4]. C'est ainsi que dans la deuxième partie des années 1980, même si la Hongrie souffrait de graves problèmes économiques et était fortement endettée[5], elle était considérée à l'Ouest comme un pays modèle des plus prometteurs de la sphère soviétique. Ainsi durant les deux mandats présidentiels de Reagan, seuls Gorbatchev et le premier secrétaire du parti communiste hongrois furent invités aux États-Unis, et se rendirent effectivement à Washington[6].

Les relations franco-hongroises et germano-hongroises reflètent elles-aussi la même évolution de la Hongrie, passée, à partir des années 1960, du statut d'État toléré à celui d'État bénéficiant d'un préjugé favorable. Budapest suivait également avec beaucoup d'intérêt ses rapports bilatéraux avec la France et la RFA, et se montrait particulièrement ouverte à l'égard de Paris et Bonn. Pour mieux comprendre l'analyse de Budapest concernant le couple franco-allemand, il n'est donc pas inutile d'évoquer quelques points importants dans les relations bilatérales franco-hongroises et germano-hongroises de l'époque.

La signature du document qui a relevé au niveau d'ambassade les représentations officielles et réciproques de Paris et Budapest eut lieu le 17 décembre 1963. La régulation définitive des relations entre la RFA et la Hongrie fut quant à elle réalisée dix ans plus tard, en décembre 1973[7]. Auparavant, les deux pays ne possédaient que des représentations commerciales à Budapest et à Cologne, ces bureaux pouvant traiter les questions concernant les visas à partir du 15 octobre 1969. Les rapports entre la Hongrie et la RFA furent naturellement fortement influencés

---

[4] *Cf.* László BORHI, « Egy amerikai diplomata beszélgetései 1978-ban: W. Averrell Harriman, Kádár János és Nicolae Ceausucu », *Múltunk*, 2009, n° 1, p. 65 -88.

[5] En 1988, l'encours brut de la dette hongroise était de 63 % du PIB ; la même année, la dette brute était de 1 600 $ par personne ; l'obligation annuelle du paiement de la dette était de 3,5-4 % du PIB ; voir András VÍGVÁRI, « Visszapillantás a magyar eladósodás történetére », *Aula*, 1990, vol. 12, n° 4, p. 56-59.

[6] Károly Grósz et Ronald Reagan se rencontrèrent officiellement à Washington le 27 juillet 1988 ; voir János KÁVÁSSY, « Hosszú út Washingtonba : Grósz Károly 1988-as amerikai látogatása, és annak előzményei », *in* B. ANTOS, A. TAMÁS (dir.), *Rajzolatok a magyar történelemről*, Szeged, Szegedi Tudomány Egyetem, 2010, p. 92.

[7] Concernant l'histoire des relations officielles entre la RFA et la Hongrie, voir László J. KISS, « Az első államközi megállapodástól a diplomáciai kapcsolatok felvételéig. A magyar–NSZK kapcsolatok egy évtizede (1963–1973) », *Külpolitika*, 1976. n° 3, p. 3-18.

par la RDA, mais les autorités hongroises essayèrent de manoeuvrer entre les deux Allemagne, en évitant les sujets sensibles.

Dans les relations franco-hongroises, la culture était le domaine où l'activité était la plus intense. Ces rapports furent renforcés par un accord bilatéral signé le 26 octobre 1965[8]. À partir de la deuxième moitié des années 1970, les visites officielles mirent en évidence le développement des rapports franco-hongrois. Parallèlement, les relations entre la RFA et la Hongrie évoluèrent sérieusement durant la même période. Les rencontres officielles de plus en plus régulières et diverses (notamment entre ministres) représentent bien la dynamique des relations bilatérales de l'époque.

Dès 1974, alors qu'Helmut Schmidt vient d'arriver au pouvoir, des premiers pas sont faits pour que János Kádár se rende en RFA. Ce voyage ne fut rendu finalement possible qu'en 1977, mais même cette visite à Bonn du premier secrétaire hongrois fut mal vue par Moscou. Un an plus tard, János Kádár se rendit à Paris, pour s'entretenir avec le président Valéry Giscard d'Estaing ainsi qu'avec le chef du parti socialiste, à l'époque dans l'opposition, François Mitterrand. Le leader hongrois avait déjà rencontré ce dernier en 1976 et ils avaient sympathisé. Plus tard, cette relation amicale influença beaucoup l'évolution des rapports bilatéraux[9]. François Mitterrand, alors président, rendit cette visite en 1982[10].

Le chef de l'État français élu en 1981 choisit la Hongrie pour destination de son premier voyage derrière le rideau de fer, ce qui montrait bien la reconnaissance de la politique de Budapest ainsi que des leaders hongrois, qui étaient en très bons termes avec un certain nombre de sociaux-démocrates occidentaux. Suite à sa visite de 1982, Mitterrand se rendit à nouveau dans la capitale hongroise en janvier 1990[11]. De son côté Kádár réalisa son dernier voyage officiel à Paris en 1984. Son successeur, Károly Grósz, alors président du conseil

---

[8] *Cf. Documents diplomatiques français*, 1966, t. II, 1er juin-31 décembre, Bruxelles, P.I.E.-Peter Lang, 2006, p. 344-346.

[9] *Cf.* Zoltan GARADNAI, Tomas SCHREIBER, « A magyarországi rendszerváltás a Quai d'Orsay szemével », *Külügyi Szemle*, 2008, vol. 7, n° 2, p. 130.

[10] Géza M. SZEBENI, « Kádár János és François Mitterrand három találkozója », *Múltunk*, 2009, n° 1, p. 4-25.

[11] Bernard LACHAISE, « Le voyage de François Mitterrand en Hongrie en 1990 » *in Öt Kontinens*, Budapest, Eötvös Loránd Tudományegyetem, 2009, p. 63-74.

des ministres, se rendit dans la capitale française en novembre 1988. À Paris, les cercles gouvernementaux hongrois cherchaient à obtenir une reconnaissance internationale, et à travers elle une plus grande marge de manœuvre ainsi que des aides économiques. À cette époque, les relations franco-hongroises étaient plutôt superficielles que profondes, c'est seulement à la fin des années 1980, qu'elles prirent un nouvel élan en s'ajustant à l'accélération des événements internationaux.

Parallèlement aux rencontres franco-hongroises de haut-niveau, des visites officielles importantes eurent lieu également dans le cadre des relations hungaro-allemandes. Ainsi par exemple, Helmut Schmidt se rendit à Budapest en 1979[12]. Lors de cette rencontre, les relations économiques bilatérales furent au centre des entretiens. Les compte-rendus de l'époque soulignent par ailleurs que les deux hommes politiques semblaient être d'accord sur les principaux dossiers internationaux. Kádár dut toutefois, de manière embarrassante, faire attention à ne pas contredire le point de vue soviétique. Le secrétaire général du parti hongrois se rendit une nouvelle fois à Bonn en 1982, mais cette fois les événements internationaux – comme l'état d'urgence en Pologne, l'intervention soviétique en Afghanistan, la nouvelle politique américaine moins conciliante dans les rapports est-ouest – ont restreint les marges de manoeuvre de l'homme politique hongrois[13]. La visite en RFA montrait toutefois que Kádár était prêt à maintenir le dialogue au milieu de la « petite guerre froide » entre les deux blocs. Derrière cette ouverture de la politique de Budapest, la crise financière de plus en plus profonde de la Hongrie était une motivation très importante. Quelques mois avant la rencontre de 1982, la RFA avait ainsi évité à la Hongrie, en lui accordant un prêt de 600 millions de DM, de tomber dans un gouffre financier.

Le successeur de Schmidt, Helmut Kohl, manifesta également une grande ouverture à l'égard de Budapest. Il se rendit à Budapest les 21-23 juin 1984. Lors de cette rencontre, et sans se conformer aux

---

[12] Avant même le chancelier Schmidt, Kádár avait également de bonnes relations avec Willy Brandt ; *cf.* István Sziklai, « Szemelvények Magyarország és az NSZK kapcsolatából: Kádár János és Willy Brandt », *Múltunk*, 2009, n° 1, p. 47.
[13] Géza M. Szebeni, « Vigyázó szemetek Moszkvára vessétek… avagy Kádár és a német kancellárok » http://www.grotius.hu/doc/pub/FOEPEY/2009_60_m.szebeni_geza.pdf, (4 décembre 2013).

exigences soviétiques qui souhaitaient geler les relations est-ouest, Kádár déclara son engagement à promouvoir la détente. Lors de cette visite officielle, les questions économiques étaient encore au centre, mais les approches politiques de sécurité furent également évoquées. Bonn et Budapest partageaient ainsi par exemple la même détermination pour la suppression des missiles nucléaires en Europe. Dans la deuxième moitié des années 1980, les relations bilatérales hungaro-allemandes montraient une dynamique croissante et les visites ministérielles se succédaient des deux côtés, Helmut Kohl se rendant par exemple une nouvelle fois en Hongrie les 16-18 décembre 1989[14]. Ce voyage eut lieu un mois avant celui de Mitterrand, et avait pour objectif de souligner la reconnaissance et la sympathie du chancelier à l'égard des Hongrois pour leur rôle indiscutable dans le changement du régime communiste. Helmut Kohl retourna par la suite officiellement en Hongrie plusieurs fois dans les années 1990. Il se rendit par exemple à Budapest les 6-7 février 1992 pour signer avec József Antall la convention hungaro-alllemande qui avait pour vocation de redynamiser les relations bilatérales sur de nouvelles bases[15].

Côté hongrois, les délégations ministérielles se succédèrent en RFA. C'est ainsi notamment que Károly Grósz, premier ministre hongrois, se rendit à Bonn en octobre 1987, et y signa un accord de prêt d'un milliard de DM. Son successeur, Miklós Németh, prit la route de la RFA en août 1989[16].

Signe de l'importance que Budapest donnait à l'Allemagne et à la France, le premier président du conseil librement élu, József Antall, choisit de se rendre très vite officiellement dans ces deux pays d'Occident. Son premier déplacement, sans compter sa visite à titre

---

[14] Bureau télégraphique hongrois, *Magyar Távirati Iroda (MTI)*, Archives online, de 1988 à nos jours, (Online Archívum, 1988-tól napjainkig), le 18 décembre 1989, visite de Kohl à Budapest.

[15] *Cf.* http://www.antalljozsef.hu/hu/antall_es_kohl (le 4 décembre 2013) ou Gergely PRŐHLE, Gábor ÚJVÁRY (dir.), *Chronik des Wiederholten Neubeginns, Deutsch-ungarische diplomatische Beziehungen, 1867-2001*, Budapest, Corvina, 2001, p. 148-162.

[16] Les mémoires d'un des diplomates les plus impliqués dans l'évolution des relations hungaro-allemandes sont particulièrement intéressantes : István HORVÁTH, *Az elszalasztott lehetőség, A magyar-német kapcsolatok 1980-1991*, Budapest, Corvina, 2009.

personnel à Berlin en mai[17], le conduisit à Moscou pour la réunion du Conseil politique du Pacte de Varsovie, du 6 au 8 juin 1990[18]. Mais un peu plus de dix jours plus tard, il effectua son premier voyage en Occident en tant que chef du gouvernement hongrois en Allemagne et en France. Cette visite dans les deux pays dura cinq jours. Antall rentra de Paris à Budapest le 23 juin 1990[19]. Ce voyage ouvrit une nouvelle ère, dans laquelle l'objectif était l'adhésion de la Hongrie à l'intégration euro-atlantique.

Dans les années 1970 et 1980, les cercles influents hongrois n'étaient pas unanimes concernant la politique à suivre à l'égard des pays d'Europe occidentale, mais peu à peu, principalement poussée par des intérêts économiques et encouragée par l'aile réformiste du parti communiste, Budapest mit en place une sorte d'ouverture à l'ouest. Le processus d'Helsinki permit un nouvel élan de dialogue entre les deux blocs, dont le régime Kádár tenta de profiter pour élargir les marges de manoeuvre de sa politique extérieure. À partir de la deuxième moitié des années 1970, en respectant scrupuleusement le *statu quo*, Budapest essaya, de manière plus spectaculaire que réelle, d'approfondir ses relations occidentales. Parmi les pays avec qui la Hongrie souhaitait renforcer ses liens, la RFA et la France étaient des États clefs. De fait, durant son règne de trente années, János Kádár ne se rendit officiellement en Occident qu'à Rome, Helsinki, Paris et Bonn.

Il n'est donc pas inutile d'analyser comment les cercles officiels hongrois voyaient la coopération franco-allemande autour de l'année 1989.

---

[17] Le premier ministre Antall fit son premier voyage les 26 et 27 mai à Berlin-ouest, trois jours après avoir pris la tête du gouvernement ; il s'y rendit à l'invitation du Comité central des catholiques allemands ; MTI Online Archívum 1988-tól napjainkig, le 26 mai 1990, József Antall à Berlin de l'ouest (1-3).
[18] C'est lors de cette réunion que József Antall proposa pour la première fois la dissolution du Pacte de Varsovie, le 7 juin 1990 ; *cf.* MTI Online Archívum 1988-tól napjainkig, le 7 juin 1990, discours d'Antall, 1-2.
[19] *Ibid.*, le 22 juin 1990, József Antall se déplace à Paris.

La coopération franco-allemande vue de Budapest à la fin de l'époque Kádár

Après l'arrivée au pouvoir de François Mitterrand en mai 1981, on peut observer un intérêt croissant dans les documents diplomatiques ou des services de renseignement hongrois concernant les relations franco-allemandes[20]. Dans le bloc de l'Est, on était en général persuadé qu'avec le nouveau président français, les liens entre les deux pays resteraient forts. Selon les documents hongrois, cette thèse fut confirmée par le fait qu'Helmut Schmidt fut le premier homme politique étranger à se rendre chez Mitterrand[21]. Les analyses que les autorités policières hongroises reçurent de leurs confrères du bloc de l'Est soulignaient également que les relations entre Bonn et Paris restaient très cordiales. Un rapport de la *Stasi* sur la rencontre des deux chefs d'État à l'ambassade de RFA en France, le 25 février 1982[22], remarque ainsi que les rapports entre Mitterrand et Schmidt rappellent l'époque de Giscard d'Estaing, lorsque le lien entre les dirigeants avait été considéré comme excellent[23]. Cette analyse de quatorze pages souligne toutefois quelques sujets de méfiance entre Paris et Bonn.

Quelques mois avant la visite officielle de Mitterrand à Budapest, les autorités hongroises réétudièrent des analyses des services de renseignements « des pays frères ». Le document de la *Stasi* fut ainsi traduit en hongrois. Dans ce travail, on parle des inquiétudes du président français concernant la politique d'Helmut Schmidt. Il souligne notamment : « Mitterrand a peur qu'en RFA l'orientation neutraliste devienne dominante. Cette tendance est dangereuse pour la France et rendra fragile la capacité de résistance européenne face à l'hégémonie soviétique. » Selon l'étude est-allemande, Mitterrand craignait les

---

[20] La première étude approfondie sur la question franco-allemande a ainsi vu le jour en 1981 en Hongrie ; cet ouvrage a été publié par l'Institut des affaires étrangères hongrois à Budapest : Ferenc GAZDAG, Laszló J. KISS, *Francia-Nyugatnémet kapcsolatok a hetvenes években*, Budapest, Magyar Külügyi Intézet, 1981.
[21] Archives des services secrets hongrois (Állambiztonsági Szolgálatok Történeti Levéltára) (ÁBTL), 1.11.4.G II/1981. Rapport, Paris, le 27 mai 1981, 168.
[22] Le document ne mentionne pas l'endroit de la rencontre, mais en en connaissant la date, celui-ci est facilement identifiable : Michèle COTTA, *Mitterrand carnets de route*, Paris, Pluriel, 2011, p. 483.
[23] ÁBTL, 1.11.4.G II/ 1982. 67/9-2998/82.V.3, politique étrangère française, Berlin, le 22 avril 1982, 57-75.

conséquences du dialogue entre la RFA et la RDA[24]. L'analyse souligne par ailleurs que du côté de Bonn l'inquiétude était grande par rapport à la situation économique de la France. Le gouvernement de RFA trouvait inquiétantes les mesures coûteuses adoptées par Mitterrand dès son arrivée au pouvoir.

Après avoir présenté les peurs mutuelles, le document souligne les questions politiques sur lesquelles les deux dirigeants étaient d'un même avis. Il met l'accent notamment sur le fait que « le sujet principal des consultations entre la RFA et la France était la réponse occidentale commune apportée à la crise en Pologne ». Le texte souligne que sur les questions polonaises, Paris et Bonn souhaitaient conserver à l'Europe de l'Ouest une certaine marge de manœuvre face aux États Unis.

L'analyse considère qu'on ne peut pas douter de la coopération étroite de Mitterrand et Schmidt. « La RFA et la France ont une opinion commune avant tout sur la double décision de l'OTAN[25], concernant l'évolution des relations est-ouest, ainsi que les rapport entre l'Europe occidentale et les États-Unis. »

Les analyses hongroises ne différèrent pas par rapport à l'étude réalisée par la *Stasi*. Elles soulignèrent elles-aussi que les relations entre le président français et le chancelier allemand étaient très bonnes, malgré les divergences traditionnelles entre les deux pays. Ce constat ne fut pas modifié avec le changement à la tête de la RFA en octobre 1982. Une note de la direction des renseignements étrangers du ministère de l'Intérieur de Budapest, datée de février 1983, présente bien cela. Ce document montre la critique du parti social-démocrate ouest-allemand (SPD) à l'égard de la politique étrangère de Mitterrand. Le texte, dès le début, souligne que le président français agit en total accord avec le chancelier Helmut Kohl. À la plus grande stupéfaction des sociaux-démocrates allemands, leur parti frère français dirigé par Mitterrand soutenait l'orientation de politique étrangère des forces gouvernementales de la RFA. Le document souligne : « La direction du SPD voit dans l'attitude du président français une aspiration à renforcer

---

[24] Le document fait allusion à la rencontre d'Helmut Schmidt et d'Erich Honecker les 11-13 décembre 1981 au château de Hubertustock.

[25] Il s'agit de la double décision prise au sommet de l'OTAN en décembre 1979.

la sécurité de la France au détriment de la RFA. Son objectif est qu'une guerre nucléaire éventuelle en Europe ne touche que la RFA[26]. »

Les autorités hongroises qui pensaient en 1981 que les rapports entre les sociaux-démocrates allemands et français étaient cordiaux[27], durent peu à peu se rendre à l'évidence que cette analyse était fausse. Une note sur la douzième conférence franco-allemande, organisée à Bonn Bad Godesberg du 28 au 30 novembre 1984, le souligne bien[28]. Ce document met en évidence l'indignation des sociaux-démocrates allemands. Il souligne notamment : « À la conférence l'intervention de Jacques Huntzinger[29], le secrétaire chargé des questions internationales du parti socialiste français, a été remarqué de façon désagréable. Huntzinger a notamment exposé que Paris et Bonn devraient poursuivre une politique commune à l'égard de l'Est pour que la libération des pays d'Europe orientale puisse progresser. Les quelques diplomates français présents à la conférence étaient stupéfaits en écoutant ces propos. Les députés du SPD ont violemment critiqué la politique de la libération en soulignant qu'en aucun cas elle ne pourrait être l'objectif d'une politique de l'est réaliste[30]. »

Les documents des renseignements hongrois considèrent qu'à partir de l'arrivée au pouvoir de Mitterrand la coopération franco-allemande a pris un nouvel élan dans le domaine de la défense. Selon ces études, c'est Paris qui avait le plus grand intérêt à faire évoluer les dossiers militaires. Concernant la coopération franco-allemande de défense, les rapports d'agents hongrois de renseignement précisent que « les Français souhaiteraient garder leur statut de leader. Ils ne

---

[26] ÁBTL, 1.11.4. G-II/ 1983, 67/9-833. 1983, note, p. 6.

[27] Un rapport daté du mois d'août 1981 souligne encore que les bonnes relations entre Helmut Schmidt et François Mitterrand peuvent être expliquées par leur appartenance au parti socialiste ; ÁBTL, 1.11.4. G-II/1981, p. 245.

[28] Un ouvrage officiel a été rédigé sur la conférence : Ingo KOLBOOM (éd.), *Der Beitrag der Bundesperpublik Deutschland und Frankreichs zur Entwicklung der Europäischen Union: Referate, Berichte, Dokumente, Deutsch-Französische Konferenz*, Bonn, Vertrieb, Europa Union Verlag, 1985.

[29] Jacques Huntzinger (1943-), homme politique du parti socialiste français et diplomate ; entre 1983-1985, il a été vice président du Parti socialiste européen ; à la demande de Mitterrand, il a eu un rôle important dans le lancement du dialogue dans la région de la Mer Méditerranée ; à partir de 2008, il a dirigé le Forum culturel de la Méditerranée ; il a été ambassadeur de France en Israël, Estonie, et Macédoine.

[30] ÁBTL, 1.11.4. G-II/1984, télégramme chiffré, 39/10276/40/84.XII.10, p. 31.

veulent coopérer avec les Allemands de l'ouest que dans la fabrication des armes classiques et la mise en place des équipes militaires, mais ils ne permettent pas que les Allemands puissent intervenir au sujet de l'utilisation de la force de frappe nucléaire française, même si du côté allemand cette question a été mentionnée[31]. » Selon les analyses hongroises Paris voulait surtout éviter que la RFA dépasse « une certaine limite d'autonomie[32] ». Les documents soulignent toutefois que pour la France la coopération militaire avec Bonn est un intérêt important ainsi qu'un objectif, car c'est ainsi qu'elle peut mieux contrôler son voisin, garder une distance plus importante à l'égard des États-Unis et acquérir des sources financières pour ses innovations de technologie militaire. Selon les renseignements hongrois, la RFA était parfaitement consciente de ces intérêts français. Une note d'avril 1986, avant la visite de Jacques Chirac à Bonn, remarque notamment que « Chirac souhaite avoir une bonne coopération avec le gouvernement de la RFA. Selon l'opinion ouest allemande, il en est ainsi, au-delà de l'alliance politique, principalement car la France ne peut sans l'aide financière de la RFA réaliser ses objectifs technologiques européens, ni ses ambitions de grande puissance et d'être un leader en Europe Occidentale. Ceci est parfaitement clair pour les Allemands de l'ouest[33]. »

Une analyse soviétique sur la politique étrangère de Jacques Chirac, que les autorités de Budapest ont également reçue, confirme les propos du rapport hongrois. Dans le document expédié de Moscou et traduit, on peut lire[34] : « Chirac voudrait voir une coopération militaire plus étroite et plus multiforme entre la France et la RFA. Par rapport au président français, Chirac prend parti plus fortement pour "l'initiative de la défense européenne" qui a été présentée à Bonn et il est d'accord pour donner une orientation militaire au programe EUREKA[35]. »

Les documents hongrois concernant la coopération franco-allemande soulignent qu'en 1986 les principes établis dans le domaine de la défense

---

[31] *Ibid.* : 1.11.4. G-II/1984, télégramme chiffré, 39/4005/822/le 17 mai 1984, p. 11.
[32] *Ibid.* : 1.11.4.G-II/1985, minute, le 7 mai 1985, p. 4.
[33] *Ibid.* : 1.11.4. G-II/1986. 39/2550/733/le 10 avril 1986, p. 30-31.
[34] *Ibid.* : 1.11.4. G-II/le 11 juillet 1986, p. 29.
[35] La coopération intergouvernementale EUREKA fut mise en place en 1985 pour promouvoir la productivité industrielle européenne et la compétitivité sur le marché mondial ; dans la fondation de cette organisation le président français Mitterrand et le chancelier Kohl ont joué un rôle important ; la Hongrie l'a rejointe en 1992.

par le traité de l'Élysée ont été pratiquement réalisés. Une étude faite à l'ambassade de Hongrie à Bonn en octobre 1987, qui porte le titre « les perspectives de la coopération de politique de sécurité franco-ouest allemande », traite la question de manière approfondie. Ce document, par ailleurs « secret » à l'époque, souligne les points suivants :

> « La France, suite à la première visite du chancelier Kohl à Paris en 1982 – où l'accent a été mis sur la question du partenariat de sécurité franco-allemand – a abandonné sa politique consistant à pousser l'Europe occidentale contre les États-Unis. Elle a mis en avant l'idée de l'importance, au sein de l'Alliance, de l'Europe de l'Ouest qui devrait être considérée au même niveau que les États-Unis. À partir de 1982, les rencontres entre les ministres des Affaires étrangères et de la Défense sont devenues régulières, tous les semestres (sous forme d'entretiens à quatre), ainsi que des entrevues des chefs militaires, et à l'exemple des jumelages de communes on a créé "les corps militaires frères" etc. […] La période qui s'ouvre à partir de 1986 a eu comme résultat spectaculaire l'exercice militaire franco-ouest-allemand, qui a été nommé "Kecker Spatz". Cet exercice s'est déroulé en Bavière avec la participation de 55 000 soldats allemands et 20 000 militaires français. Par cet événement, la France ne souhaitait pas seulement donner un signe politique, mais également permettre que les corps rapides français puissent connaître leur éventuel territoire d'intervention dans l'avenir[36]. »

Comme d'autres analyses hongroises des années 1980, le document attire l'attention sur les limites de la coopération de défense entre Paris et Bonn. Il souligne notamment l'absence française au sein de l'organisation militaire de l'OTAN, qui ferait obstacle à un rapprochement plus étroit entre les deux pays. Les études hongroises sur les relations franco-allemandes mettent en évidence que les conceptions respectives de défense de la RFA et la France sont bien différentes. Un agent de renseignement hongrois confirme cette opinion dans son rapport en se basant sur des « documents authentiques de l'OTAN[37] ».

---

[36] Archives nationales de Hongrie (Magyar Nemzeti Levéltár), (MNL), XIX-J-1-j, NSZK, 1987, 100.db., 004922, Bonn, le 22 octobre 1987.

[37] Il faut rappeler qu'au siège de l'OTAN à Bruxelles l'activité des services de

Selon cette analyse, en cas d'attaque de missile nucléaire de courte portée, Paris penserait, contrairement à Bonn, que le conflit armé ne se concentrerait pas sur le territoire allemand et l'Europe centrale, mais toucherait entièrement le continent[38]. Les documents hongrois de l'époque soulignent par ailleurs que la stratégie française de défense considère la RFA comme une sorte de « rempart à l'Est[39] ».

Les décisions prises lors du 25ᵉ anniversaire de la signature du traité d'Élysée furent évaluées à Budapest comme un changement particulièrement important du point de vue de la coopération militaire franco-allemande. L'ambassade de Hongrie à Paris réalisa une étude à ce sujet, qui montre particulièrement bien comment la diplomatie hongroise percevait les rapports entre la RFA et la France dans la deuxième moitié des années 1980. Elle souligne notamment :

> « Le 51ᵉ sommet franco-allemand peut ouvrir une période qualitativement nouvelle dans les relations bilatérales. C'est une étape logique à la suite des demandes continuelles du président Mitterrand, pendant la crise des euromissiles, pour que le traité de l'Élysée soit relancé. Depuis le discours de Mitterrand au Bundestag en 1983, les Français – à part une exception minime – jouaient toujours du rôle de demandeur. L'activité économique, politique et militaire française a le même moteur : la peur que la question allemande apparaisse à l'ordre du jour, la force économique croissante de la RFA, l'évolution des relations économiques bilatérales, l'inquiétude devant la remise en cause progressive du rôle de leader politique de la France en Europe occidentale, la crainte pour la position des forces nucléaires françaises, ainsi que la peur d'un changement éventuel du statu quo politique et militaire stabilisé en Europe après la

---

renseignements des pays du bloc de l'Est était importante ; à partir de 1967, selon les documents hongrois, la police secrète belge a affecté trente agents pour assurer la sécurité de SHAPE ; malgré la surveillance accrue, les activités des services de renseignements des pays de l'est, en particulier de la RDA, restaient efficaces ; c'est seulement dans les années 1980 que les agents soviétiques de renseignements remarquent que l'accès aux documents de l'OTAN sont de plus en plus difficile étant données les strictes mesures de sécurité introduites ; *cf.* ÁBTL, 2.3.5. o-8-585/II, 29, 87.

[38] ÁBTL,1.11.4 – G-II/1987, 67/9-3514/1987. 9.

[39] MNL, XIX-J-1-j, Franciaország, 1988, 40. db, 001423/1988, Paris, le 24 février 1988.

Seconde Guerre mondiale. L'objectif français est de renforcer la coopération pour que ces problèmes trouvent leur solution selon le souhait français. Les organisations créées lors de ce sommet sont toutes nées à l'initiative française. Cette constatation est vraie même si c'est le chancelier Kohl qui a proposé la création du conseil de défense franco-allemand. Kohl n'a pas fait autre chose que conseiller, mais l'idée de Conseil de défense franco-allemand venait à l'origine de Mitterrand. (Le souhait du chancelier Kohl était selon une source allemande d'obtenir le retour des Français de manière "présentable" et non précipitée.) Pour la France le Conseil de défense est un organisme politique. [...] Selon l'idée française, ce Conseil est un moyen d'influencer en général la politique étrangère de la RFA, et en particulier dans les questions telles que le désarmement, la limitation des armes, l'évolution de la politique de l'Est. Dans cet objectif, la direction française voit une garantie dans la suprématie de sa force nucléaire. En gérant le Conseil comme une organisation politique la direction ouest-allemande espère influencer l'approche de l'autre partie dans les questions comme les relations entre la France et l'OTAN, le processus de désarmement, ainsi que les relations entre la France et l'Europe de l'Est. La RFA a conseillé lors de cette rencontre d'élaborer des initiatives communes à l'égard des pays d'Europe de l'Est, ce que les Français ont accepté. L'élaboration de ces initiatives a commencé. Les souhaits ouest-allemands, prenant en considération les relations bilatérales, semblent être plus réalistes. [...]

Le conseil économique et financier a été créé sur la proposition française, et le nom de cet organisme est resté un sujet de discorde entre les deux partis jusqu'au dernier moment. La RFA n'était en effet prête qu'à contrecœur à créer un comité. [...] Selon le point de vue ouest-allemand l'ordre établi des consultations économiques entre les deux pays était convenable, une plus grande coordination n'était donc pas nécessaire. L'autre argument, qui n'a été que peu évoqué, était qu'avec la coordination, la Bundesbank avait en partie les mains liées, ce qui aurait permis aux Français une vue d'ensemble de l'économie ouest-allemande en connaissant le rôle de cette banque. Les Allemands de l'Ouest voient dans la partie financière du Conseil la liaison automatique du franc et du DM, c'est à dire qu'ils y voient une pression institutionnalisée sur le mark[40]. »

Par ailleurs, l'analyse mentionne que pour Bonn le perfectionnement du Marché commun est un objectif et qu'elle est prête à accepter des sacrifices pour cela. L'approfondissement de la coopération franco-allemande reste toutefois limité dans le domaine aussi bien militaire qu'économique. C'est ainsi que le document souligne que la France, en tant que puissance nucléaire, avec son absence volontaire de l'organisation militaire intégrée de l'OTAN, ne peut avoir la même orientation stratégique militaire. Bonn, contrairement à ce que pensent les Français, n'attend pas une garantie de défense de Paris. Par ailleurs, la RFA, à cause de la RDA, doit mettre l'accent sur sa politique à l'égard de l'Est, tandis que ce n'est pas le cas de la France.

Cette longue étude constate que le sommet de Paris, la célébration du traité de l'Élysée, montre l'intention des deux parties de renforcer la coopération entre elles, mais l'intérêt français est le plus grand. D'après cette étude, l'avenir de la coopération suivra les rapports des forces entre les deux partenaires.

Côté hongrois, on considérait que le domaine où Paris menait une activité véritablement intense était les questions de défense, dans lesquelles elle souhaitait utiliser la coopération franco-allemande au premier plan. Les analyses soulignaient que la France souhaitait conserver et développer son influence militaire à travers l'intégration européenne occidentale. Dans cet objectif, Paris tentait de s'appuyer sur la RFA et la Grande Bretagne[41]. Selon les documents hongrois, la politique française dut, dans la deuxième moitié des années 1980, mettre toujours plus en avant les dossiers économiques et accroître ses activités dans les pays est-européens. Pour accroître le marché de ses entreprises et pour équilibrer l'engagement excessif de sa rivale la RFA, la France consacra en effet alors une plus grande attention aux pays

---

[40] MNL, XIX-J-1-j, Franciaország,1988, 40. db. 001423, Paris, le 24 février 1988 ; cette analyse a été notamment réalisée par Laszló Nikicser qui plus tard, entre 2007 et 2010, a été ambassadeur de Hongrie à Paris ; au moment de la rédaction du texte il était diplomate, secrétaire de la représentation diplomatique hongroise dans la capitale de la France.

[41] MNL, XIX-J-1-j, Franciaország, 1988, 40. db. 00181/7, Budapest, mars 1988.

du bloc de l'Est. À Budapest, on pensait que « Paris ne pourrait pas garder ses positions internationales des dernières décennies sans qu'elle rende efficaces ses relations avec les pays socialistes. Le renforcement de l'influence ouest-allemande – en particulier dans le domaine économique – pourrait provoquer le risque que la France soit mise à l'écart dans la région[42]. »

Les analyses hongroises remarquent que pour rééquilibrer le poids de plus en plus important de l'Allemagne en Europe, Paris cherche à renforcer ses liens avec la Russie – en l'occurrence avec l'URSS. Bonn ne souhaitait toutefois pas un tel rapprochement vers Moscou et c'est l'une des raisons pour laquelle elle tentait d'insister pour que la France participe davantage, essentiellement financièrement, à l'aide apportées aux pays est-européens. C'est dans ces conditions que le chancelier Kohl proposa dès le mois de janvier 1988 que la coopération franco-allemande dans ce domaine soit très concrète. La France restait toutefois réticente. Cette question fut ainsi régulièrement évoquée entre les deux États. Selon une note diplomatique hongroise qui cite une source allemande, le 52e sommet tenu à Bonn eut comme sujet principal la possibilité d'élaborer une politique commune à l'égard du bloc de l'Est. Pendant les entretiens des 3 et 4 novembre 1988, le chancelier Kohl tenta de convaincre François Mitterrand qu'il montre une ouverture à l'égard des pays de l'Europe de l'est et non seulement vers l'Union soviétique. Le rapport hongrois remarque : « Les cercles politiques et économiques de la RFA considèrent que les demandes des pays socialistes de l'Europe de l'est ont dépassé les possibilités de la RFA. La RFA a donc demandé à Paris qu'elle prenne en charge la Pologne aussi bien du point de vue financier que politique. Paris ne s'est pas opposée rigidement à cette proposition[43]. »

Une analyse diplomatique hongroise datée de décembre 1988 souligne également cette différence. S'appuyant sur le secrétaire d'État ouest-allemand, le document déclare : « les dirigeants français et ouest-allemands sont en principe d'accord pour établir une sorte de partage des tâches concernant les pays d'Europe de l'est. Cela signifie que la

---

[42] Uo.: 00181/7, Budapest, octobre 1988.
[43] Le document hongrois exceptionnellement donne sa source : il s'agit Lutz-Georg Stavenhagenre, ministre d'État de la Chancelérie de la RFA. MNL, XIX-J-1-j, NSZK, 1989, 65.db., 00690, Bonn, le 9 novembre 1988.

RFA prête une plus grande attention, essentiellement dans le domaine économique, à la Tchécoslovaquie, la Hongrie et la Bulgarie, tandis que Paris s'engage dans les coopérations économiques avec la Pologne et la Roumanie. Dans l'ensemble, côté ouest-allemand, on pense que 1989 sera pour la France l'année de l'activité politique en Europe de l'Est[44]. »

1989 : les relations franco-allemandes vues par la Hongrie l'année du changement

À partir de 1988, l'opinion hongroise considéra que l'enjeu principal dans les rapports entre Paris et Bonn était la réponse commune qu'elles pouvaient apporter au changement qui s'opérait peu à peu dans le bloc de l'Est. Budapest était toutefois consciente qu'en réalité la France et la RFA ne pouvaient que très difficilement harmoniser leurs intentions politiques et économiques dans la région.

Si Paris tenta de rattraper son retard dans les pays d'Europe de l'Est, sa situation désavantageuse par rapport à la RFA paraissait souvent irrattrapable. Les documents diplomatiques hongrois, s'appuyant sur une source du Quai d'Orsay concernant la Hongrie, soulignent ainsi : « Dans notre entourage international l'idée est répandue que nous avons des relations privilégiées avec la RFA, ce qui ne donnerait plus à aucun autre pays d'Europe occidentale la possibilité d'entrer dans le jeu. Les sources diplomatiques [françaises] pensent probable que le gouvernement ouest-allemand considère la Hongrie, parmi tous les pays d'Europe de l'Est, comme un partenaire privilégié. C'est la raison pour laquelle il serait prêt à accorder une aide plus conséquente si la situation économique continue à s'aggraver dans ce pays[45]. »

Dans un document rédigé le même jour, on peut lire : « La France considère impossible de rattraper le retard qu'elle a par rapport à la présence économique de la RFA en Hongrie, c'est la raison pour laquelle elle se concentre sur les pays où elle pourrait avoir une chance d'équilibrer la présence économique de la RFA[46]. » La note diplomatique hongroise souligne par ailleurs que Paris trouverait moins prévisible le

---

[44] Uo.: 00181/11, Budapest, le 9 décembre 1988.
[45] MNL, XIX-J-1-j, Franciaország, 1989, 35 db. 001104/1. Paris, le 25 avril 1989.
[46] *Ibid.* : 002255, Paris, le 25 avril 1989.

processus de réforme hongrois que le processus polonais, et que cela l'aurait poussé à renforcer ses relations officielles plutôt avec Varsovie qu'avec Budapest.

Cela ne signifiait toutefois pas que la France aurait abandonné la Hongrie. Des relations intensives continuèrent, comme on peut le voir notamment à travers les rencontres de haut niveau. Au moment de ces entrevues, le gouvernement hongrois tenta de profiter de la rivalité franco-allemande. Budapest essaya d'utiliser un pays contre l'autre pour dynamiser les relations. Pour obtenir une aide financière, les Hongrois soulignaient ainsi sans arrêt que le poids excessif de l'Allemagne ne pourrait être rééquilibré que par une action visible de Paris. Un document daté du mois de mars 1989 souligne : « Nous pensons qu'il faudrait utiliser la méfiance française à l'égard de la RFA pour obtenir des objectifs économiques, et stratégiques. Il n'est pas exclu que l'évocation continue de la volonté de la diversification de nos relations étrangères puisse porter des fruits à l'égard des Français[47]. »

Cette tactique fut présentée de manière très subtile dès 1988, au moment de la visite en France de Károly Grósz[48]. Ce ne fut pas une spécificité hongroise, puisque les Polonais s'en servirent eux-aussi[49]. Les documents hongrois s'attardent sur le fait que côté français, on essayait de convaincre les interlocuteurs de Budapest que l'intérêt principal de la Hongrie était qu'elle s'appuie sur d'autres pays – entre autres la France – pour contrebalancer la RFA[50].

---

[47] Uo.: 001611/1989, Paris, le 7 mars 1989.

[48] Au moment de sa visite à Paris, Károly Grósz déclara notamment que la Hongrie ne souhaiterait pas restreindre à l'Autriche et à l'Allemagne ses relations étrangères : suite au voyage, le rapport du ministre des Affaires étrangères, László Kovács, souligne : « Cette visite a permis d'évaluer si la politique étrangère française à l'égard de l'Europe de l'Est était sérieuse et de voir quelles étaient ses intentions. Il est évident que la France subordonne ses aspirations à la traditionnelle rivalité avec la RFA, mais la croissance de sympathie vis-à-vis de la politique hongroise permettra probablement dans l'avenir de mieux construire nos relations selon nos intérêts. » MNL, XIX-J-1-j, Franciaország, 1988, 40db. 003344/26, Budapest, le 23 novembre 1988.

[49] L'ambassadeur de Pologne à Paris expliqua fièrement à son collègue hongrois avant la visite de Mitterrand à Varsovie que son gouvernement prévoyait de profiter de la rivalité RFA-France ; MNL, XIX-J-1-j, Franciaország, 1989, 35 db. 002970/1989, Paris, le 26 juin 1989.

[50] Dans le rapport sur le voyage de Károly Grósz, on peut lire une déclaration du Premier Ministre français Michel Rocard : « il est important de faire évoluer les relations franco-

Côté hongrois on jugeait de plus en plus contradictoire le couple franco-allemand. Les changements importants intervenus en 1989 accrurent l'intérêt de l'étude des relations franco-allemandes. En février 1989, un document des services secrets hongrois souligne :

« En mai 1988, la réélection de François Mitterrand assurait la continuité de la politique étrangère française, qui se concentre sur l'unification de l'Europe, et la création d'ici à la fin de 1992 du Marché commun, ainsi que l'apparition d'une alliance politico-militaire et économique comme pivot de la stratégie de défense et de l'économie européenne. La France a décidé la création d'un troisième pôle économique mondial, dont elle tente d'être leader. Avec l'idée de l'UE forte Mitterrand est attaché à la défense de l'Europe occidentale et à la réalisation de la stratégie de défense commune. [...] Paris veut peu à peu rentrer dans l'organisation militaire de l'OTAN et elle donne à sa force nucléaire de nouvelles tâches de protection. Elle garantit officiellement sa protection à la RFA. La coopération franco-allemande a renforcé l'Europe occidentale[51]. »

À la fin de 1989, les analyses, sans remettre en cause les thèses les plus importantes, se concentrèrent sur la question de la réunification allemande et des conséquences probables de ce changement en Europe centrale et orientale. La Hongrie s'intéressa particulièrement à la réaction française face à ces événements. C'est ainsi que les services de renseignements hongrois étudièrent l'évolution de la conception européenne de François Mitterrand. On peut lire dans une analyse datée du 6 décembre 1989 :

« Les changements historiques en Europe de l'Est ont placé le président Mitterrand dans une situation inattendue et l'ont forcé

---

hongroises dans tous les domaines. [...] Cela est d'autant plus important que la Hongrie peut ainsi diminuer son "orientation germanique" alors que la RFA a un poids trop important dans la coopération européenne. » MNL, XIX-J-1-j, Franciaország, 1988, 40db. 003344/26, Budapest, le 23 novembre 1988 ; Jean-Bernard Raimond, le chef de la diplomatie française de l'époque, souligna également en mars 1988 que la France connaissait les relations que la Hongrie entretenait avec la RFA, et que côté français on pensait qu'il serait nécessaire de diversifier davantage les rapports extérieurs de Budapest : MNL, XIX-J-1-j, Franciaország, 1988, 40 db. 0019/10, Budapest, le 28 mars 1988.
[51] ÁBTL, 1.11.4. G-II/1989, 67/9-467/1989, le 13 février 1989.

à se présenter comme un initiateur déterminant, comme le père d'une nouvelle conception de l'Europe qui serait déterminante dans la formation des structures européennes d'avenir. [...] Dans l'épicentre de la politique étrangère française, Mitterrand a placé l'accélération de l'intégration ouest-européenne et son développement dans une direction supranationale originale à côté d'un axe moteur franco-allemand fort. Le plan d'une Europe occidentale fermée de Delors a été la cristallisation de cette politique. Pour un fonctionnement équilibré de l'axe moteur franco-allemand (à côté d'une industrie ouest-allemande dominante), Mitterrand a dû accepter et même discrètement soutenir les principaux objectifs nationaux allemands – c'est-à-dire le rapprochement dans une perspective historique des deux États allemands sans exclure au final une sorte de réunification. Cela n'a pas été dangereux, car avec l'intégration étroite de l'Europe occidentale, le rapprochement entre les deux Allemagne est resté jusqu'à très récemment un objectif politique qui disparaît dans la brume d'un avenir lointain. Même pour les Allemands, cet objectif politique était moins réel que pour réconforter "la conscience nationale". Dans ces circonstances l'évolution de la situation en Europe de l'Est et en particulier la possibilité de la dislocation de la RDA et du bloc de l'Est ont placé Mitterrand devant un grand dilemme. S'il soutenait les intérêts de son partenaire d'axe, les intérêts ouest-allemands, il pouvait causer le renforcement de l'antagonisme au sein de l'alliance occidentale, et tôt ou tard placerait la France devant un choix non souhaité. C'est pourquoi Mitterrand – en profitant de son avantage conféré par sa position de président en exercice de la Communauté Européenne –, par un coup de maître, a tenté d'aller au-devant des évolutions inexorables avec une conception à grande échelle[52]. Il a souhaité transformer l'intégration fermée prévue pour l'Europe

---

[52] Le texte ne mentionne pas ses sources, mais on peut penser qu'il fait référence au discours de Mitterrand devant le Parlement européen, le 22 novembre 1989 : ce discours est accessible sur Internet : http://www.cvce.eu/obj/allocution_de_francois_mitterrand_sur_les_reformes_democratiques_en_europe_de_l_est_strasbourg_22_novembre_1989-fr-d3f2ecb3-a49c-4960-af84-dc035d9bc63a.html, (accès : 4 janvier 2014).

occidentale – en en conservant les objectifs – en une construction tournée vers l'extérieur et prête à créer des contacts, où l'accent est mis non sur une fermeture exclusive, mais sur l'action commune vers l'extérieur. Cela permet d'influencer et de canaliser dans une direction souhaitable les processus en cours de l'Europe de l'Est sans abandonner les objectifs de l'intégration de l'Europe occidentale. Ce cadre assure également que le rapprochement entre les deux Allemagne – sans donner son veto et mettre la RFA et la France en opposition – puisse être canalisé sous le parapluie de l'alliance occidentale et sous son contrôle. Cette conception permet à Mitterrand d'être reconnu comme maître constructeur de la nouvelle Europe, comme homme politique qui peut se placer au-dessus des intérêts nationaux[53]. »

Parallèlement à cette analyse, presqu'à la même date, plusieurs rapports diplomatiques traitaient la question de l'unité allemande et des relations Paris-Bonn. Ces archives confirment ce qu'on peut lire dans les analyses des services de renseignements. Les documents hongrois soulignaient, concernant la réunification de l'Allemagne, que sur ce sujet il y avait un consensus entre la France et la RFA. Un rapport rédigé en novembre 1989, se référant à une déclaration d'un conseiller du palais de l'Élysée, attire l'attention sur le fait que Paris ne souhaiterait la réunification allemande que si ce processus était très lent[54]. D'autres télégrammes diplomatiques hongrois soulignent les craintes françaises devant une grande Allemagne, en particulier en raison du déséquilibre économique entre les deux pays. Le document remarque notamment qu'une Allemagne réunifiée aurait un surpoids écrasant dans la production industrielle ainsi que dans l'export, car il représenterait respectivement le double et le triple par rapport à la France. Selon cette analyse hongroise, l'influence économique allemande continuerait d'augmenter en Europe de l'est et en Union Soviétique, ce qui mettrait sérieusement Paris en difficulté[55].

Dans ces circonstances, à Budapest on pensait que la France serait contrainte de montrer une plus grande activité non seulement au

---

[53] ÁBTL, 1.11.4. G-II/1989, 39/8846/2401/1989, télégramme, Vienne, le 6 décembre 1989, 19-21.
[54] MNL, XIX-J-1-j, NSZK, 1989, 65 db, 004158/1, Bonn, le 27 novembre 1989.
[55] *Ibid.* : 004158/10/1989, Budapest, le 14 décembre 1989.

niveau des gestes symboliques, mais également au niveau des faits, surtout dans les domaines du commerce et de l'investissement dans la région est-européenne. En Hongrie, on remarquait un intérêt français croissant dans le domaine de l'économie, mais les tentatives françaises étaient jugées trop timides. Un document diplomatique rédigé à ce sujet déclare : « c'est seulement sous "le parapluie de la protection[56]" des autorités que les hommes d'affaires français (contrairement à la mentalité allemande) – à peu d'exceptions près – lancent des activités de long terme, et seulement là où il faut prendre le moins de risque. »

Budapest espérait que la rivalité croissante entre Bonn et Paris en Europe de l'Est pourrait être profitable aux intérêts hongrois. C'est ainsi par exemple qu'une analyse réalisée par la représentation commerciale de Hongrie à Paris souligne : « La France a mesuré qu'avec l'accélération des événements inter-allemands, à long terme défavorables à la France, les Allemands renforcent encore plus leurs positions en Europe centrale (*Ostpolitik*, *Mittel-Europa*). C'est ainsi que de manière tout à fait nouvelle, nous pouvons sentir une attention croissante, une volonté de coopération, une serviabilité de la part des autorités françaises et d'un certain cercle d'affaires et financier. […] Cela nous semble important que nous puissions aller au-devant des probables initiatives françaises avec des prétentions concrètes bien réfléchies […] Une réaction rapide de notre part est d'autant plus importante que sur la liste prioritaire française on trouve à côté de notre patrie l'URSS, la Pologne et éventuellement également la RDA[57]. »

Selon l'opinion hongroise, Paris tentait de faire pression politiquement sur la Hongrie pour faire valoir les intérêts français. Un entretien effectué avec le secrétaire général du Quai d'Orsay en novembre 1989 représente bien cette tendance. Le rapport cite ainsi les paroles du diplomate français : « une présence allemande étendue (les relations économiques importantes avec la RFA, l'Autriche et la RDA) sans les équilibres appropriés peut être au détriment de la Hongrie. La Hongrie peut devenir un prolongement de la renaissance allemande en Europe en conséquence de l'absence de changement de politique et de conscience publique, et du renforcement de l'influence allemande.

---

[56] Il s'agit des garanties obtenues ou assurées par l'État français.
[57] MNL, XIX-J-1-j, Franciaország, 1989, 35db., 00724/7, Paris, le 11 novembre 1989.

Cela n'est avantageux ni de point de vue de la Hongrie ni point de vue des pays européens. La France peut participer à l'assurance d'un contrepoids [...] en particulier dans le domaine politique et culturel, ainsi que de la langue et civilisation, mais également de la coopération économique[58]. » Lionel Stoleru, ministre français de la Planification, tint le même propos dans son entretien avec son homologue en novembre 1989[59].

Malgré le souhait de Paris et l'ouverture de Budapest, l'immense différence entre les présences économiques respectives allemande et française en Hongrie ne diminua pas sensiblement[60]. Dans l'optique officielle hongroise, la France, avec son influence internationale, en particulier dans la politique européenne, pouvait contrebalancer ces failles.

Les changements fondamentaux intervenus dans la politique intérieure hongroise et l'état économique de plus en plus dégradé du pays transformèrent progressivement l'approche de Budapest à l'égard du couple franco-allemand. Avec la fin de la Guerre froide, ce sont les intérêts nationaux qui transparaissaient de plus en plus clairement dans la politique étrangère, et non plus les intérêts d'un parti et d'une puissance hégémonique. Ce changement peut également être observé dans les relations avec Bonn et Paris. Dans les yeux de Budapest, la coopération franco-allemande restait un facteur essentiel des questions

---

[58] *Ibid.* : 00724/9, Paris, le 22 novembre 1989.
[59] *Ibid.* : 001104/7, Paris, le 29 novembre 1989.
[60] Les données statistiques soulignent très clairement la différence entre l'Allemagne et la France concernant leur présence économique en Hongrie ; par exemple dans le domaine du commerce extérieur hongrois, cette différence est visible : en 1989, les importations d'origine française étaient de 11 517 millions de florins, ce qui représente 2,1 % de toutes les importations hongroises ; en revanche, la Hongrie importait 83 917 millions de florins en provenance de la RFA, soit 17,4 % de toutes les importations. Si l'on rajoute encore la valeur des importations en provenance de la RDA, 518 millions de florins, soit 5,6 % de toutes les importations hongroises, on peut bien observer le surpoids des Allemands dans le commerce extérieur hongrois ; les ratios sont pratiquement les mêmes en ce qui concerne les exportations hongroises vers ces pays : la RFA a été le partenaire commercial le plus important après l'URSS, tandis que la France ne figure qu'au 11e rang ; il faut noter qu'à la fin des années 1980 l'Autriche, la Suisse, l'Italie et les États-Unis avaient une place dans le commerce extérieur hongrois plus importante que la France du point de vue des valeurs échangées ; *cf. Magyar Statisztlkai Évkönyv 1990*, Budapest, KSH, 1991, p. 190.

économiques, mais également concernant les nouveaux objectifs stratégiques de la politique étrangère de la Hongrie.

Le couple franco-allemand au centre de la politique étrangère hongroise

En 1990, la coopération entre Paris et Bonn resta l'un des sujets qui suscita le plus l'attention dans la politique étrangère hongroise. Budapest suivait avec intérêt les questions touchant à la réunification allemande ainsi que la politique de la France et de la RFA à l'égard de l'Europe centrale et orientale. Ces deux sujets furent naturellement très liés.

C'est ainsi notamment qu'en février 1990, une analyse rédigée à l'ambassade de Hongrie à Paris étudiait les possibilités de la politique ouest-allemande en mettant l'accent sur le couple franco-allemand. Dans ce document, on peut lire par exemple : « La France et la RFA ont lancé il y a deux ans leur politique commune à l'égard de l'est. Ces deux pays pourraient être aujourd'hui aussi le moteur d'une planification de politique étrangère regroupant largement les pays membres de la Communauté Européenne. L'organisation de l'aide pour les pays en réforme est déjà une partie de cette coopération [franco-allemande]. Pour aller plus loin, il faut réfléchir aux formes d'adhésion qui permettront que les pays en réforme puissent s'approcher de la Communauté européenne, pour atteindre l'objectif de réduire les différences sociales et économiques. » En étudiant les dix points du chancelier Kohl, un diplomate hongrois souligne : « Dans le processus européen, le rôle clef retombe sur la France et la RFA. L'unification européenne ne peut être réussie sans un large dialogue et contact franco-allemand[61]. »

Comme on peut le voir dans le texte ci-dessus, un consensus vit peu à peu le jour dans l'élite politique hongroise, sur le fait que l'objectif diplomatique principal de la Hongrie pour garantir son essor économique et sa sécurité devait être son adhésion la plus rapide possible à l'intégration euro-atlantique[62].

---

[61] MNL, XIX-J-1-j, NSZK, 1990, 53.db, 0077/6, Paris, le 7 février 1990.
[62] En 1989 l'idée de neutralité de la Hongrie était plutôt soutenue dans les milieux influents de l'opposition, mais en 1990 aussi bien le gouvernement de Miklós Németh que l'opposition de l'époque étaient d'accord sur le fait que la Hongrie devait adhérer

En mai 1990, le nouveau gouvernement issu des élections libres, dirigé par József Antall, partageait parfaitement cet objectif diplomatique. Une brève analyse du Bureau télégraphique hongrois (MTI) confirme cet engagement des nouveaux dirigeants. Cette étude souligne que pour atteindre cet objectif, le gouvernement Antall souhaitait s'appuyer sur la France et la RFA. Le texte, intitulé « la politique étrangère du gouvernement Antall » et se référant au premier ministre, souligne que « la RFA et l'Autriche sont nos alliées naturelles, nos rapports avec elles sont particulièrement importants. Il [Antall] a toutefois souligné qu'il est également très satisfait des coopérations franco-hongroises. Il se rendra à Paris début juin[63]. »

Le premier voyage officiel en occident de József Antall le conduisit en RFA et en France, pour souligner l'importance de Bonn et de Paris dans la politique étrangère hongroise et dans ses objectifs[64]. Budapest espérait que l'efficacité de la coopération franco-allemande croîtrait et qu'à travers elle, l'adhésion hongroise à l'intégration euro-atlantique se réaliserait plus facilement. En 1990, après la formation du gouvernement Antall, l'évolution des relations franco-allemandes resta donc un centre d'intérêt de la diplomatie hongroise. C'est ainsi qu'on long compte-rendu fut rédigé sur le sommet Kohl-Mitterrand, qui se tint les 17 et 18 septembre 1990 à Munich. Le texte s'appuie essentiellement sur les sources allemandes et déclare notamment :

> « Dans la politique des autorités françaises un changement a eu lieu. Elles ont abandonné la proclamation continuelle des inquiétudes relatives à la réunification allemande. Elles la considèrent comme un fait accompli et elles sont prêtes à placer les relations bilatérales sur une nouvelle base. Parallèlement

---

à l'OTAN et rejoindre l'intégration européenne ; voir notamment Ignác ROMSICS, *Volt egyszer egy rendszerváltás*, Budapest, Rubicon, 2003. p. 229 ; par rapport aux dilemmes de politique étrangère à suivre en 1989, voir l'étude de Ferenc GAZDAG, « Szövetségtől szövetségig: Magyarország útja a Varsói Szerződétől a NATIO-ig. » *in* F. GAZDAG et L. KISS J. (dir.), *Magyar külpolitika a 20. században*, Budapest, Zrínyi, 2004. p. 197-202.

[63] MTI, Online Archívum, 1988-tól napjainkig, « la politique étrangère du gouvernement Antall », le 28 mai 1990.

[64] Selon un commentaire publié par MTI : « La voie de rapprochement hongrois vers l'intégration européenne passe essentiellement par les deux puissances leaders, la RFA et la France. [...] » *cf.* MTI, Online Archívum, 1988-tól- napjainkig, le 15 juin 1990.

elles mettent l'accent sur le renforcement des relations entre l'Allemagne et l'occident et le maintien de l'élan de l'intégration européenne. [...] La rencontre récente a bien montré qu'après la réunification allemande un nouveau type de rapport va être établi avec la France dont l'objectif principal serait la promotion de l'évolution de la Communauté Européenne. Dans ce processus les deux pays souhaiteraient jouer le rôle de moteur. Au sommet ont été évoquées les relations avec les pays d'Europe centrale et orientale. Les participants soutenaient l'idée que la France devrait particulièrement prendre une plus grande part dans l'aide économique aux ex-démocraties populaires, cette tâche ne pouvant être uniquement celle de l'Allemagne. Ils soulignaient toutefois que l'aide devra être placée sous la coordination de la Communauté européenne, ils souhaitent en effet coopérer dans ce cadre[65]. »

À partir de l'automne 1990, on trouve dans les sources d'archives hongroises essentiellement des documents qui soulignent les dysfonctionnements du couple franco-allemand. Ces analyses mettent généralement en avant les tensions entre les deux pays. Il va de soi que Budapest tentait de suivre au plus près possible les intentions du couple Mitterrand-Kohl dans les dossiers concernant l'Europe centrale et orientale. La Hongrie souhaitait obtenir à court terme son adhésion à l'intégration euro-atlantique.

Au début des années 1990, ce n'est pas par hasard que les analyses hongroises s'intéressaient dans la plupart des cas aux tensions dans le couple franco-allemand sur le sujet de l'élargissement européen. Ces rapports diplomatiques soulignent que Paris voulait faire obstacle à l'adhésion des anciens pays du bloc de l'Est, craignant qu'elle n'accroisse l'influence allemande et qu'elle ne rende impossible le contrôle français. L'Allemagne quant à elle mettait l'accent sur l'accélération des réformes, le renforcement de l'aide et le soutien aux pays d'Europe centrale et orientale, sans exclure une rapide adhésion à la Communauté européenne[66].

---

[65] MNL, XIX-J-1-j, NSZK, 1990, 35 db., 003083, Bonn, le 20 septembre 1990.
[66] *Ibid.* : 003083/1, Bonn, le 15 septembre 1990.

Les rapports hongrois reprochaient au gouvernement français que le couple franco-allemand ne fût pas parfait[67]. Les documents montrent que malgré les gestes spectaculaires, la France ne trouvait que difficilement sa place dans une Europe radicalement transformée et elle essayait de conserver le *statu quo*, mais avec peu de résultat positif. Une des analyses souligne notamment : « La France n'est plus la puissance leader de l'Europe, mais elle regarde avec jalousie les actions autonomes de la politique étrangère allemande, dans "des circonstances certes forcées"[68]. »

Dans les documents diplomatiques hongrois de l'époque, c'est plutôt une image nuancée qui se dégage sur le couple franco-allemand. Dans la plupart des cas, l'opinion officielle hongroise était proche de celle de l'opinion allemande. C'est particulièrement bien illustré par le compte-rendu rédigé par l'ambassadeur hongrois à Bonn à l'été 1991. Il écrit notamment :

> « La politique allemande consacre ces derniers temps une attention particulièrement grande à la coopération franco-allemande, qui est toujours perçue comme le moteur de l'intégration de la Communauté Européenne. Ce sont des initiatives franco-allemandes qui ont donné l'impulsion pour l'union politique de la Communauté Européenne, en particulier dans l'élaboration de la politique étrangère et de sécurité ainsi que de défense commune. Des difficultés d'harmonisation entre Bonn et Paris sont apparues sur les questions comme la diminution [...] des compétences des parlements nationaux en faveur du Parlement Européen, et au sujet de la limitation de la souveraineté dans le domaine de la politique de sécurité et de défense. Dans l'ensemble, on peut dire que les relations entre Bonn et Paris ont évolué ces derniers temps de manière exemplaire, mais dans le passé proche les problèmes de l'Europe centrale et orientale, l'aspiration à l'indépendance des républiques baltes de l'Union soviétique, la crise yougoslave ont montré que dans la politique étrangère franco-allemande, à côté

---

[67] Les travaux scientifiques évoquent cette difficulté de la France à s'adapter à la situation internationale qui avait changé très rapidement autour de 1989 ; *cf.* Georges-Henri Soutou, *L'alliance incertaine, les rapports politico-stratégiques franco-allemands, 1954-1996*, Paris, Fayard, 1996, p. 397-411.
[68] MNL, XIX-J-1-j, Franciaország, 1991. 25 db., 002181, Paris, le 9 juillet 1991.

des intérêts communs, des divergences apparaissent également sur les objectifs et les intérêts[69]. »

Si les divergences de vue entre la France et de l'Allemagne étaient claires pour Budapest, celle-ci considérait la coopération de ces deux pays comme le moteur indispensable de l'intégration européenne. Au début des années 1990, la politique étrangère hongroise suivait donc avec une attention particulière le couple franco-allemand. On peut dire que la question de la coopération France-Allemagne restait dans le centre d'intérêt de la diplomatie hongroise, en lien avec l'aspiration de la Hongrie d'être membre à part entière de l'intégration européenne. Les décideurs hongrois se sont toujours intéressés aux relations Bonn-Paris. Les sommets franco-allemands ou les autres événements importants concernant ces deux pays étaient donc largement évoqués dans les rapports diplomatiques. L'intérêt hongrois à l'égard du couple franco-allemand était d'autant plus grand que les relations bilatérales entre la Hongrie et ces deux pays devenaient de plus en plus intenses.

De « l'axe » franco-allemand au « moteur » franco-allemand

Pour présenter l'histoire longue de plusieurs décennies de la coopération franco-allemande, une bibliographie très importante est à la disposition des chercheurs, mais on ne trouve que très peu de travaux analysant comment cette relation particulière a été vue et évaluée par les pays tiers. Ce constat est particulièrement vrai du point de vue des pays anciennement derrière le rideau de fer. Dans ces circonstances, l'analyse de l'opinion officielle hongroise concernant les relations entre Bonn et Paris peut être utile pour mieux connaître un des aspects peut être moins évident du couple franco-allemand. La correspondance diplomatique, les documents de renseignements de Budapest qui sont accessibles, donnent une image relativement large du sujet, mais l'analyse pourrait naturellement encore être nuancée par l'utilisation d'autres sources, notamment d'archives ainsi que la presse de l'époque.

L'étude de la coopération franco-allemande du point de vue de la Hongrie dans les années autour de 1989 permet de mieux connaître une

---

[69] MNL, XIX-J-1-j, NSZK, 1991. 45. db, 002261, Bonn, le 19 juillet 1991. 9-10.

ère particulièrement mouvementée. Peuvent ainsi être approfondies non seulement la connaissance de deux pays particulièrement importants pour l'intégration de l'Europe occidentale, mais aussi celle de l'histoire du bloc de l'est, en particulier les aspirations de la politique étrangère hongroise. En examinant la coopération franco-allemande à la fin de l'époque Kádár puis à l'ère des gouvernements Miklós Németh et József Antall, on peut constater un intérêt hongrois permanent concernant le couple franco-allemand. Pour Budapest, il était important de suivre les rapports entre son partenaire le plus important du point de vue économique et la France.

Au début, côté hongrois, on peut observer méfiance et hostilité à l'égard de la coopération franco-allemande « sanctifiée » par le traité de l'Élysée en 1963. Cette attitude ne disparaît pas complètement dans les années 1980, mais les questions pragmatiques sont peu à peu reléguées au second plan. Ainsi, en 1963, le Quai d'Orsay s'indignait que les Hongrois utilisent systématiquement l'expression « l'axe Bonn-Paris[70] ». Vingt ans plus tard cette formule n'apparaît même plus dans les documents secrets hongrois. Le couple franco-allemand était mentionné uniquement comme « coopération ». Il fallait toutefois attendre le changement de régime pour que, de Budapest, on observe les relations non dépourvues de contradictions de Paris et Bonn comme « moteur ». L'utilisation de ces expressions dans les papiers officiels représente très bien le changement opéré dans la politique étrangère de la Hongrie, et à travers elle dans les rapports que Budapest entretenait avec le couple franco-allemand.

Gergely FEJÉRDY

---

[70] Zoltán GARADNAI (éd.), *Iratok a magyar-franciu kupcsolatok történetéhez (1963-1968)*, Budapest, Gondolat, 2008, p. 77.

Le traité de l'Élysée et la structuration des relations Est-Ouest à travers les rapports à l'intérieur des communautés

Le besoin de créer un pôle de décision politique a été ressenti à l'époque à laquelle nous nous rapportons, d'une manière générale, par tous les participants au processus d'intégration. Pour ce qui est des solutions vouées à accomplir ce désir, les options qui pouvaient être prises en considération, bien qu'apparemment assez diverses, contenaient chacune des désavantages qui leur imposaient certaines limites.

L'adoption d'une constitution fédérale était perçue par tous les participants au processus comme irréaliste. Les tentatives de constituer les Communautés européennes de Défense ou Politiques avaient échoué. Pourtant, dans l'atmosphère de la période, on ne percevait aucun sentiment de résignation des Européens devant l'impossibilité d'atteindre un tel résultat. Tout au contraire, dans la première partie des années 60, il y a eu une continuité des projets qui avaient, pour dessein ouvertement déclaré, l'édification d'une construction politique qui donnât davantage de consistance à la construction économique.

Sans nous proposer d'entrer dans la substance des projets proposés dans ces années, notamment par la France, aux Six – et nous ne nous référons ici qu'au débat centré sur les plans Fouchet I et II –, nous soutenons l'opinion de Susanne Bodenheimer, qui estime qu'en dépit de l'appui officiel pour le projet d'unification politique, en fait les Six n'étaient pas préparés à faire, dans le domaine de la politique étrangère et même au-delà de ceci, des concessions similaires à celles qui avaient été faites dans l'aire économique[1].

Il est à noter que Konrad Adenauer, aussi bien que Charles De Gaulle, ont insisté pendant l'été de 1962 sur différentes variantes de propositions dont le dessein était de renouer le fil des négociations,

---
[1] Voir Susanne BODENHEIMER, « The Political Union Debate in Europe : A Case Study in Intergovernamental Diplomacy », *International Organization*, vol. 21, n° 1, 1967, p. 24-54.

pour arriver à un format politique des communautés – si l'on se réfère à la proposition adressée par le leader français au premier ministre italien, visant la convocation d'une conférence des chefs d'État ou de gouvernement des Six[2]. Sous les auspices de la même idée, K. Adenauer a soutenu la proposition du ministre des Affaires étrangères belge, Paul-Henri Spaak, de compléter la structure organisationnelle des plans Fouchet par une commission politique, formée par des personnalités indépendantes[3].

Si l'échec des projets d'intégration politique ou bien du plan Fouchet est devenu évident, l'alliance franco-allemande se présentait comme « seule alternative viable[4] », dans le format de la petite Europe. On avançait déjà, depuis la proposition initiale d'avoir des consultations régulières sur des questions de politique étrangère (désarmement, Extrême-Orient, coopération économique d'un côté et de l'autre du Rideau de fer), soulevée par De Gaulle, à l'occasion de sa première rencontre officielle avec Adenauer, à Colombey-les-Deux-Églises, en 1958[5], vers la coordination politique. Ceci a poussé l'historien allemand Alfred Grosser à souligner que « si en 1945 la France n'avait d'autres ennemis que l'Allemagne, en 1951 la France n'avait d'autres amis que l'Allemagne[6] ».

K. Adenauer voulait substituer au noyau politique franco-allemand un Gentlemen's Agreement, signé par lui et par le président français, qui lui aurait offert la chance d'éviter les procédures de ratification, tandis que De Gaulle a plaidé pour la signature d'un traité solennel, voué à transmettre un fort message, en ce qui concerne la volonté politique des deux pays[7].

Les deux ministres des Affaires étrangères ont élaboré leurs propres projets, qu'ils souhaitaient concrétiser dans un document qui fut signé

---

[2] La proposition a été déclinée par le premier ministre italien ; voir Konrad ADENAUER, *Erinnerungen*, Stuttgart, DVA, 1987, vol. IV, p. 196-197.
[3] Cette fois, De Gaulle a été celui qui a rejeté l'idée ; *ibid.*, p. 197.
[4] Herbert BLANKENHORN, *Verständnis und Verständigung. Blätter eines politischen Tagebuchs 1949 bis 1979*, Francfort-sur-le-Main, Propyläen, 1980, p. 427.
[5] K. ADENAUER, *op. cit*, vol. III, p. 430-433.
[6] Cité par Stephen BIERLING, *Die Außenpolitik der Bundesrepublik Deutschland. Norme, Akteure, Entscheidungen*, Munich, Oldenbourg, 1999, p. 132.
[7] K. ADENAUER, *op. cit.*, p. 178-180.

à l'occasion de la visite qu'Adenauer allait effectuer à Paris, en janvier, l'année suivante.

Autant le projet français que le projet allemand incluaient des propositions sur l'organisation des rencontres régulières au niveau gouvernemental et des fonctionnaires supérieurs, qui permissent la coordination de la politique étrangère, de défense et culturelle des deux pays. Le projet français visait le domaine stratégique, celui de l'armement, aussi bien que l'étude de la langue française en tant que langue étrangère principale dans l'enseignement supérieur. L'Allemagne a accepté la possibilité de conclure de nouveaux accords avec la France dans le domaine de la défense, sous la condition que l'éventuelle coordination politique n'affectât pas ses engagements dans le cadre de l'OTAN. La question de la langue française et de son statut privilégié a été elle-aussi perçue avec modération, puisque ce n'était pas une compétence du gouvernement fédéral, mais cette responsabilité incombait aux *Länder*. L'Allemagne préférait s'engager à soutenir les liaisons entre les jeunes des deux pays[8].

Le document accepté par les deux parties a reçu le format d'un traité, signé lors d'une cérémonie fastueuse par Adenauer et De Gaulle, au palais de l'Élysée, le 22 janvier 1963[9].

Nous ne nous sommes pas proposé, dans ce papier, d'analyser le contenu du traité, mais de commenter l'attitude, la réaction officielle ou officieuse avec laquelle il a été reçu au-delà du Rideau de Fer, et à l'intérieur des relations controversées parmi les démocraties populaires du système communiste. Notre étude ne vise que les réactions en Roumanie, étant donné que l'accès aux documents des archives des anciens États communistes est toujours prohibé.

---

[8] Voir le *Protocole sur la Coopération franco-allemande*, projet, 7 janvier 1963, *in* AAPD, 1963, p. 19-29 ; observations du papier 200 visant la coopération franco-allemande, le 14 janvier 1963, *in ibid.*, p. 82-85 ; observations du directeur général Jansen visant la coopération franco-allemande, le 15 janvier 1963, *in ibid.*, p. 86-89.
[9] *Traité entre la République Française et la République Fédérale d'Allemagne sur la coopération franco-allemande*, Paris, 1963, *in* AdG, vol. IV, 1962-1966, p. 3249-3250.

Le « détachement » de la Roumanie de Moscou

Les archives du Comité central du Parti communiste roumain, du ministère des Affaires étrangères et les Archives nationales – récemment disponibles en Roumanie –, corroborées avec la littérature occidentale dédiée aux problèmes de ligne au sein du bloc ex-communiste, dénotent une multitude de problèmes loin d'être élucidés. D'ailleurs, il est intéressant de suivre l'impact du traité de l'Élysée et les limites du « détachement » de la Roumanie de Moscou. Quel était le degré d'enthousiasme de ce pays situé aux portes de l'Europe et qui essayait de façon timide des formules de coopération économique, surtout avec la France, et dans quelle mesure pouvons-nous accorder crédit aux déclarations du renommé spécialiste dans le domaine des études stratégiques, Raymond Garthoff, qui estimait que dans le cas des conflits entre l'Est et l'Ouest – voir la crise des missiles – la Roumanie déclarerait sa neutralité[10] ? Il nous reste à consolider, par des recherches ultérieures, le puzzle véridique ou non du détachement réel de la Roumanie de la politique étrangère soviétique, ou bien de valider le commencement de la duplicité de ce pays, qui a voulu seulement *nationaliser* le communisme en Roumanie. Il est vrai que, parmi les pays du bloc soviétique, la Roumanie avait enregistré l'évolution la plus spectaculaire en ce qui concerne ses rapports avec l'Occident. Quels ont été les repères intérieurs et extérieurs qui ont pu déterminer ce processus, caractérisé par l'expert américain John Campbell comme « le cas étrange de la Roumanie[11] » ? Ceci reste l'une des interrogations

---

[10] Raymond L. GARTHOFF, « When and Why Romania Distanced Itself from the Warsaw Pact », *CWIHP Bulletin*, n° 5, 1995, p. 111 ; l'épisode présenté par Garthoff, dont la véridicité a été reconfirmée à l'auteur par Dean Rusk en 1990, ne représente pas une nouveauté absolue ; le journaliste Robert Estabrook, connu pour ses commentaires pertinents dans le domaine de la politique internationale, a révélé le 21 mars 1965, dans le *Washington Post*, que Gheorghiu-Dej aurait écrit au président Kennedy même pendant « la crise cubaine », déclarant que la Roumanie se dissociait de l'action de Khrouchtchev ; *cf.* Sergiu VERONA, *Military Occupation and Diplomacy. Soviet Troops in Romania 1944-1958*, Durham, Duke University Press, 1992, p. 158.

[11] John C. CAMPBELL, *American Policy Towards Communist Eastern Europe*, Minneapolis, University of Minnesota Press, 1965, p. 50-52 ; Campbell, qui est mort en 2000, a travaillé pour le Département d'État dès la Seconde Guerre mondiale, étant l'un des spécialistes les plus redoutables dans les questions est-européennes ; il a également occupé le poste d'ambassadeur des États-Unis à Belgrade et il a été un très fin connaisseur

à laquelle les historiens répondront, en analysant en profondeur les archives et en mettant les relations entre Est et Ouest dans le paradigme des restructurations et des réinterprétations[12] qui ne peuvent plus être analysées d'une façon réductionniste[13] et placées sous les auspices de la guerre froide[14].

L'année 1962 a marqué un changement de la politique roumaine à l'égard de Moscou[15]. Ce qui a été proclamé comme l'élément central de la politique cultivée par Gh. Gheorghiu-Dej pendant cette période, c'était la défense des intérêts nationaux de la Roumanie. La forte opposition aux stratégies soviétiques, comme le plan Valev, qui en aurait empêché l'industrialisation, ont généré un fond prononcé de sympathie dans le monde occidental[16]. En effet, on connaît bien la polémique, devenue publique en 1963, entre Bucarest et Moscou. Les conditions générées par la dispute avec les Chinois et les problèmes soulevés par

---

des réalités roumaines ; au long de son impressionnante carrière, il s'est lié d'amitié avec beaucoup de Roumains ; sa relation avec la plupart d'entre eux a été interrompue en 1947, mais il a gardé le contact avec ceux – pas très nombreux – qui sont restés en exil.

[12] *Ibid.*

[13] Silviu BRUCAN, *Generația irosită. Memorii*, Bucarest, Ed. TESU, 1992 ; Lavinia BETEA, *Maurer și lumea de ieri. Mărturii despre stalinizarea României*, Arad, 1995 ; idem, *Alexandru Bîrlădeanu despre Dej, Ceaușescu, Iliescu. Convorbiri*, Bucarest, Éd. Evenimentul Românesc, 1997; Paul NICULESCU-MIZIL, *O istorie trăită*, Bucarest, Éd. Enciclopedică, 1997.

[14] Voir Wilfried LOTH, *Overcoming the Cold War: A History of Détente*, New York, Palgrave, 2002.

[15] Voir le Mémorandum de la conversation entre le Secrétaire d'État Livingstone Merchant et le ministre des Affaires étrangères de Roumanie, Corneliu Mănescu, Genève, le 20 mars 1962, *FRUS 1961-1963*, vol. XVI, *Eastern Europe ; Cyprus ; Greece ; Turkey*, Washington D.C., 1994, p. 16-18.

[16] Kenneth JOWITT, *Revolutionary Breakthroughs and National Development : the Case of Romania, 1944-1965*, Berkeley, University of California Press, 1971, p. 203-215 ; en novembre 1963, en sa qualité de membre non-permanent du Conseil de Sécurité, la Roumanie a voté contre la proposition soutenue par les représentants du bloc soviétique, en ce qui concerne le contrôle international de l'armement en Amérique Latine ; l'analyse effectuée par la légation américaine de Bucarest montrait que le geste de la Roumanie de voter différemment par rapport à la ligne de Moscou avait une dimension psychologique, puisque les leaders roumains voulaient montrer à l'opinion publique internationale que, dans certaines questions, ils se détachaient de l'Union soviétique ; *American Legation*, Bucarest, *Joint Week*, n° 42, le 22 novembre 1963, NA, RG 59, Pol 2-1, Rum ; voir aussi Robert WEINER, *Romanian Foreign Policy and the United Nations*, New-York, Praeger, 1984, p. 44-45.

d'autres satellites est-européens ont amené les leaders du Kremlin à négliger, d'une certaine mesure, la fronde des communistes roumains. C'est une conclusion exprimée par la majorité des historiens qui se sont penchés sur ce cas, bien que leurs interprétations visant les origines et les objectifs du processus d'affirmation de l'*indépendance* roumaine aient été différentes[17]. À cela, il est important d'ajouter l'observation de Zbigniew Brzezinski, selon lequel, au début des années 60, les dirigeants de Moscou avaient appris qu'il était préférable de tolérer, dans le cadre du bloc soviétique, les manifestations qui contestaient la suprématie absolue du Kremlin, mais qui ne mettaient par en danger la nature marxiste-léniniste de leur système politique[18].

De ce point de vue, l'évolution *indépendante* du régime communiste de Roumanie s'est circonscrite dans des limites acceptables pour les dirigeants soviétiques. Il est vrai que la dé-russification onomastique spectaculaire et la dissolution de certaines institutions culturelles, qui symbolisaient l'influence oppressive de l'Union soviétique[19], ont singularisé la Roumanie parmi les États communistes de l'Europe de l'Est. C'est toujours en 1963 qu'on a destitué une partie des officiers et des responsables de la Sécurité – même le directeur de la Sécurité, le général Gheorghe Pintilie, a été remplacé – qui provenaient des rangs du NKVD[20]. L'année suivante, à l'automne, profitant apparemment du renvoi de Khrouchtchev, Gheorghiu-Dej a convoqué l'ambassadeur soviétique et lui a demandé le retrait des conseillers PGU de Roumanie. Dans ce contexte, Dej aurait informé franchement le représentant de

---

[17] Stephen FISCHER-GALAȚI, *The New Rumania*, Cambridge, The MIT Press, 1967, p. 98-103 ; Jacques LÉVESQUE, *Le conflit sino-soviétique*, Paris, Presses Universitaires de France, 1973, p. 150-163 ; K. JOWITT, *op. cit.*, p. 206-209 ; Mary Ellen FISCHER, « The Romanian Communist Party and Its Central Committee : Patterns of Growth and Change », *Southeastern Europe / L'Europe du Sud-Est*, 6, n° 1, 1979, p. 5.
[18] Zbigniew K. BRZEZINSKI, *The Soviet Bloc*, Cambridge, Harvard University Press, 1967, p. 503-504.
[19] En 1963 on a démantelé l'institut *Maxim Gorki*, l'Institut roumain-soviétique et le Musée roumain-russe et on a cessé de publier la revue *Annales roumaines-soviétiques* ; dès lors, a paru le journal de politique étrangère *Lumea* ; celui-ci a remplacé la publication périodique commune du bloc soviétique, *Timpuri Noi*, une revue qui était le successeur légitime du journal du Kominform ; voir Vlad GEORGESCU, *Politică și istorie. Cazul comuniștilor români 1944-1977*, Bucarest, Éd. Humanitas, 1991, p. 51-52.
[20] *AmLegation, Bucarest, Joint Week no. 25 : Removal of Securitate Chief Confirmed*, le 22 juin 1963, A-318, NA, RG 59, Pol 2-1, Rum.

Moscou que le Bureau politique du Parti Travailleur Roumain (PMR) avait décidé de lever le contrôle du KGB sur la Sécurité et la DGIE, en passant en réserve tous les officiers du KGB qui étaient actifs dans les deux institutions. Selon Ion Mihai Pacepa, le geste de Dej a fait enrager les Soviétiques, qui ont envoyé sans délai à Bucarest le chef du KGB, le général Semiciastnîi, ainsi que l'expert en problèmes roumains et l'*artisan* de la Sécurité, le général Saharovski, qui occupait la position influente de chef de la Première Direction du KGB[21]. Néanmoins, l'arrivée de ces deux hommes en Roumanie n'a pas persuadé le leader du PMR de revenir sur sa décision.

Pendant les années 1963-1964, le climat politique de Roumanie s'était relâché : presque tous les prisonniers politiques avaient été libérés (selon les données publiées dans *Cartea Albă a Securității*, vol. III, p. 33, en 1965 on a arrêté seulement 258 individus qui avaient entrepris des actions hostiles à l'État, en 1966 leur nombre a augmenté à 294, et en 1967, à 312[22]), mais, comme nous l'avons montré, ce sont les insistances de Khrouchtchev qui y avaient contribué ; les présences culturelles occidentales s'étaient multipliées et les restrictions de circulation imposées aux diplomates occidentaux avaient été annulées[23], le brouillage des émissions des chaînes de radio *Europe Libre* et *Voix d'Amérique* a été tout d'abord réduit et ensuite arrêté[24] ; enfin et peut-être surtout, dans les discours officiels, on promouvait des idées et des valeurs patriotiques et nationales, ce qui a revigoré l'espoir de beaucoup de Roumains.

---

[21] Ion Mihai PACEPA, *Cartea Neagră a Securității*, Éd. Omega, 1999, p. 109-110 ; ce qui devra être éclairci par des recherches ultérieures, c'est la proposition faite, le 9 septembre 1958, par le CC du PCUS, à la direction du Parti Travailleur Roumain, selon laquelle on a soulevé la question de la retraite des conseillers soviétiques de Roumanie ; le CC du PMR a répondu, le 29 septembre de l'année même, qu'il était d'accord avec cette proposition, mais les choses ont stagné après ; les deux documents se retrouvent dans le fonds CC du PCR – Section Relations Étrangères, Dossier 6/1955, p. 719-720 et Dossier 9U/1956, 958, p. 259, et ont été inclus sur un CD, *Romania within the Warsaw Pact. Ambivalence & Ambiguities 1955-1981*, introduction par Dennis Deletant, édité par l'Institut pour les Études politiques de défense et histoire militaire, Bucarest, 2002.
[22] Cité par Dennis DELETANT, *Teroarea comunistă în România. Gheorghiu-Dej și statul polițienesc, 1948-1965*, Éd. Polirom, 2001, p. 218, note 39.
[23] *AmLegation, Bucarest, Joint Week no. 35*, le 30 août 1963, NA, RG 59, Pol 2-1, Rum.
[24] *Idem, no. 30*, le 2 août 1963, *ibid.*

La position des Soviétiques à propos du traité de l'Élysée

La transcription en roumain du document qui reproduisait, évidemment sur une filière soviétique, la discussion entre De Gaulle et l'ambassadeur soviétique à Paris et les anotations faites par le leader roumain sur le texte sont extrêmement intéressantes. En outre, l'audience de l'ambassadeur soviétique à Bucarest, dont le but a été d'informer Gheorghe Gheorghiu-Dej sur le contenu du traité de l'Élysée, nous confirme les repositionnements que la Roumanie souhaitait du point de vue des coopérations multilatérales avec les États de l'Occident. Tout d'abord, la position de l'Union soviétique est que celle-ci « a certains droits et obligations à l'égard de l'Allemagne, en vertu des accords conclus entre les alliés[25] ». L'URSS incrimine le traité à cause de son caractère « militaire[26] », dénonçant les questions qui visent « les armements et l'élaboration d'une doctrine militaire unitaire, la coordination de la stratégie et de la tactique[27] ».

L'URSS incrimine également « l'activité commune des gouvernements des deux pays, afin d'élaborer des projets d'armements et la coordination des travaux de recherche militaires[28] ». L'ambassadeur soviétique reproche au président français, au nom de Khrouchtchev, la déclaration du 14 janvier, dont il résulte que l'Europe occidentale « devrait, certainement », décider seule quelle arme elle veut posséder et quelle politique militaire elle promouvra[29]. L'URSS réfute la thèse selon laquelle « l'Europe occidentale peut procéder dans le domaine militaire comme elle le souhaitera[30] ». L'URSS fait entrer dans la discussion l'arme nucléaire, à laquelle le texte du traité ne fait pas référence, mais « quelle que soit la voie par laquelle l'arme nucléaire arrivera aux mains de la Bundeswehr, l'Union soviétique considérerait ce fait une menace évidente et directe contre ses intérêts nationaux et vitaux et elle serait obligée à prendre des mesures nécessaires immédiates, imposées par

---

[25] Archives nationales de Roumanie, fonds CC du PCR, section Relations Étrangères, dos. 9/1963, f. 1.
[26] *Ibid.*
[27] *Ibid.*, f. 2.
[28] *Ibid.*, f. 2.
[29] *Ibid.*, f. 3.
[30] *Ibid.*, f. 4.

cette situation[31] ». L'URSS conteste avec acharnement le fait que les deux gouvernements se consulteront réciproquement avant de prendre n'importe quelle décision sur toutes les questions importantes de politique étrangère, y compris les relations entre l'Est et l'Ouest, pour « parvenir, autant que possible, à une position analogue[32] » – ici, le document présenté à Gh. Gheorghiu-Dej cite le traité.

Cette « position analogue » entre Paris et Bonn, signifie-t-elle – se demandaient les Soviétiques – que la France devra soutenir la position évidemment provocatrice d'Adenauer à l'égard du règlement paisible de la question allemande, que la France soutiendra les tendances agressives de Bonn par rapport à Berlin-ouest, à la RDA, à la Pologne, à la Tchécoslovaquie ou même à l'Union soviétique[33] ? Le document se réfère à l'inclusion dans le traité de la clause spéciale visant le fait que les stipulations du traité s'étendent également sur « Land de Berlin ». L'URSS affirme dans le document que nous avons analysé que « l'Allemagne occidentale n'a et ne peut avoir aucun type de droits sur le Berlin occidental[34] ».

Le document souligne ensuite que « pour ce qui est du traité de l'Allemagne occidentale, le gouvernement soviétique et N. S. Khrouchtchev personnellement sont très soucieux du fait que si les choses évoluent à l'avenir dans la direction imprimée par le traité, il ne leur restera qu'à supposer que, dans quelques années, la France aura l'intention de lutter contre l'Union soviétique[35] ».

L'ambassadeur soviétique ajoute, à la fin du document, un résumé de la réaction de Charles De Gaulle aux critiques de l'URSS. « De Gaulle a déclaré que les actions actuelles de la France représentaient l'accomplissement de ses plans pour créer une Europe occidentale puissante. Il a souligné que les États-Unis devaient quitter l'Europe : ils n'y ont rien à faire, mais ceci arrivera seulement lorsque l'Europe occidentale deviendra vraiment puissante. » Selon lui, il reste douteux que l'Union soviétique objecte au départ des Américains de l'Europe. Dans le texte, on reprend également une idée de Charles De Gaulle :

---

[31] *Ibid.*
[32] *Ibid.*, f. 5.
[33] *Ibid.*
[34] *Ibid.*, f. 6.
[35] *Ibid.*

« S'il n'y a pas une Europe occidentale puissante, autrement dit si suite à cela on n'établit pas l'équilibre, dans ce cas vous pouvez arriver à un accord avec les États-Unis et vous ne tiendrez plus compte de nous[36] ».

Ce document synthétique transcrivant la discussion entre l'ambassadeur soviétique à Paris et le président français, Charles De Gaulle, a été transmis à Gh. Gheorghiu-Dej par le Directorat des Devoirs du Comité central du PTR, sous le numéro d'enregistrement 126/5, le 7 février 1963. Il est intéressant que le leader de Bucarest ait fait des annotations sur le texte : il a souligné les paragraphes importants, il a décidé sous signature olographe « d'informer aussi les camarades qui ont des compétences dans les problèmes compris dans le traité – Bîrlădeanu, Gogu Rădulescu, Corneliu Mănescu[37] ».

L'information pour Gh. Gheorghiu-Dej que l'ambassadeur soviétique donnait à Bucarest sur la réaction de l'URSS à l'égard de la signature du traité par la France vient aussi dans le contexte des soucis de Moscou à propos des éventuels dérapages idéologiques, à l'intérieur du système. Tenant compte de cette clé d'interprétation du message pour le leader roumain, il apparaît que, de tous les pays du bloc soviétique, la Roumanie avait enregistré l'évolution la plus spectaculaire. Quels ont été les repères intérieurs et extérieurs qui ont pu déterminer ce processus, caractérisé par l'expert américain John Campbell comme le cas étrange de la Roumanie ?

L'équivoque

Il est facile de deviner que les facteurs principaux ayant généré ce développement doivent être cherchés tout d'abord à Moscou et à Bucarest, et seulement après à Washington. Dans cette perspective, le problème fondamental qui doit être éclairci se réfère aux rapports entre les gouvernements soviétique et roumain et au rôle attribué à ce-dernier dans les plans du Kremlin. Malheureusement, les sources documentaires, roumaines et soviétiques, qui ont été accessibles à la recherche sur ce sujet, les témoignages incomplets et évasifs donnés par Khrouchtchev, aussi bien que par certains personnages de

---
[36] *Ibid.*, f. 9.
[37] Voir le texte : *ibid.*, f. 1-10.

Roumanie, qui n'ont pas été directement impliqués dans la décision politique, mettent en valeur l'importance des sources occidentales éditées et des archives. Par la corrélation de ces informations avec les données factuelles, dont beaucoup ont été analysées dans des études antérieures, nous avons réussi à délimiter trois stades des relations roumaines-soviétiques : 1953-1955/1956 ; 1957-1961 ; 1962-1965. Pour y parvenir, nous avons tenu compte des évolutions intervenues dans le cadre de la direction communiste de Roumanie et des étapes temporelles où l'on a affirmé l'option nationale des leaders du Parti Travailleur Roumain.

Il y a eu, d'ailleurs, dans l'historiographie occidentale des années soixante et soixante-dix, une certaine dispute sur la période où a commencé la politique nationale des communistes roumains, et leur tentative de se manifester de façon autonome dans les relations extérieures. Stephen Fischer-Galați a identifié le début de ce processus dès 1948 et a considéré que l'élimination du groupe Pauker, en 1952, a assuré la continuité fructueuse de ce parcours politique. Il est possible que le réputé professeur de l'université Boulder au Colorado ait changé son opinion antérieure pendant la visite qu'il a entreprise en 1964 en Roumanie, lorsqu'il a dialogué, plus ou moins ouvertement, avec des historiens roumains et même avec un potentiel dirigeant de la *Securitate*. Constantin Daicoviciu, le recteur de l'université « Babeș-Bolyai » de Cluj, lui a proposé de traduire en anglais « ... et d'éditer, comme il le trouve acceptable, en résumant en trois volumes les huit volumes du *Traité d'histoire de Roumanie*, qui étaient en cours de publication par l'Académie roumaine ». Daicoviciu lui a dit encore qu'il avait « la liberté d'éliminer du texte les parties discutables » et que le projet avait été approuvé au plus haut niveau du gouvernement. L'historien américain a mené un second dialogue significatif avec le « chargé » du séminaire de culture et civilisation roumaines se tenant à Sinaia, un certain Ioanid. Celui-ci lui a demandé dans quelle mesure il était intéressé par l'accès aux Archives du Parti communiste roumain d'après 1942, afin d'écrire « un livre qui démontre que la politique du régime a été profondément antisoviétique et que la Roumanie s'est manifestée ouvertement dans cette direction seulement quand elle a pu le faire – i.e. au cours de la dernière année ». Ioanid lui a déclaré que la Roumanie ne voulait avoir rien à faire avec les journalistes occidentaux « parce que ceux-ci ne sont pas crédibles et ce n'est qu'un historien réputé qui pourrait assumer un tel projet[38] ». Dans les années soixante, Fischer-Galați a été inclus dans un groupe de consultants du Département d'État et il est probable qu'il a été influencé aussi par la lecture des rapports envoyés par la Légation américaine de Bucarest. William Crawford, ministre et, plus tard, ambassadeur des États-Unis à Bucarest, au début des années cinquante, a avoué dans une interview conservée dans les archives orales de la Bibliothèque Kennedy, qu'à son avis, pendant les années cinquante, en Roumanie, on a enregistré trois événements majeurs, qui ont mené à la politique d'*indépendance* à l'égard de Moscou : l'épuration du groupe dirigé par Ana Pauker, que le diplomate américain a identifiée comme le leader de l'orientation moscovite, le démantèlement des SovRom et la retraite des troupes soviétiques[39].

L'analyse sophistiquée élaborée par Kenneth Jowitt présente un point de vue différent, selon lequel Gheorghiu-Dej aurait commencé à se détacher de la ligne politique soviétique seulement à partir de 1962, lorsque l'opposition du leader communiste roumain à l'égard de Moscou est devenue évidente[40]. Les faits semblent confirmer cette opinion, mais il faut préciser que les éléments de fronde des communistes roumains envers leurs *mentors* soviétiques peuvent être identifiés avant ce moment. On confirme également le chemin d'une certaine mesure séparé que la Roumanie bâtissait minutieusement pendant ces années-là : en 1959, le gouvernement roumain en est venu à règlementer les différends économiques avec la France et, partiellement, avec le

---

[38] Dans l'ouvrage édité en 1956, *Rumania*, New York, Mid-European Studies Center, Fischer-Galați a considéré la direction du PMR comme totalement assujettie à Moscou ; dans *The New Rumania: From People's Democracy to Socialist Republic*, Cambridge, Center for International Studies, 1967, p. VI-VIII, 48, 197, l'historien américain a rendu publique sa nouvelle opinion, selon laquelle les leaders communistes roumains avaient essayé de promouvoir une politique nationale dès les premières années d'après la guerre ; pour les déclarations citées ci-dessus, voir *AmLegation to Department of State, Airgram 100*, le 18 septembre 1964, NA, RG 59, Political Affairs, Rum/US, boîte 2623.
[39] William A. Crawford, interview enregistrée par William A. Moss, le 12 mars 1972, Librairie John F. Kennedy, Programme d'histoire orale, p. 11.
[40] K. Jowitt, *op. cit.*, p. 198-207 ; Jowitt argumente son opinion par le fait que ce n'est qu'alors que l'élite communiste de Roumanie a atteint un degré de cohésion et motivation qui s'est répercuté aussi sur les membres ordinaires du parti et qu'elle a mobilisé dans cette direction une partie significative de l'opinion publique.

Royaume-Uni, tandis qu'en mars 1960, il est arrivé à un accord avec les États-Unis. Bucarest a accepté de céder, dans le compte des biens confisqués, la valeur des actifs qui appartenaient à l'État roumain et qui avaient été bloqués par le gouvernement américain. Le montant en était de 22 026 370 dollars et le gouvernement roumain s'est engagé à payer en plus 2 500 000 dollars, en cinq tranches, jusqu'en 1964[41]. C'est toujours en 1959, après la fin des négociations entre les gouvernements roumain, français et britannique, qu'une délégation gouvernementale dirigée par le vice-premier ministre Alexandru Bîrlădeanu a visité six capitales de l'Europe occidentale : Paris, Londres, Rome, Berne, Bruxelles et Amsterdam. Le dessein déclaré de cette tournée n'était pas politique, mais économique, les officiels roumains manifestant de nouveau leur intention d'acheter en liquide des installations industrielles occidentales. Ils ont en fait réussi à acheter des équipements industriels d'une valeur approximative de 125 millions de dollars, parmi lesquels on comptait une usine de pneus de Grande-Bretagne, deux fabriques de sucre et des installations pétrochimiques et de production de polyéthylène de France et d'Italie[42].

Les succès obtenus par le gouvernement roumain dans les relations commerciales avec l'occident ont été dus dans une grande mesure à l'intérêt manifesté par les États de l'Europe occidentale pour l'extension des marchés en Europe orientale. Cet objectif a été assumé officiellement après la signature, en 1957, du traité de Rome, par lequel on avait formé le Marché commun. En effet, avant 1969, lorsque le chancelier Willy Brandt a proclamé sa fameuse doctrine connue sous le nom *Ostpolitik*, ce n'est pas seulement la RFA., mais aussi les autres pays occidentaux, qui ont promu une variante commerciale de l'*Ostpolitik* à l'égard des États communistes de l'Europe de l'Est[43]. Dans

---

[41] Joseph F. HARRINGTON, Bruce J. COURTNEY, *Tweaking the Nose of the Russians : Fifty Years of American-Romanian Relations, 1940-1990*, Boulder, Columbia University Press, East European Monographs, 1991, p. 171.
[42] Ghiţă IONESCU, *Communism in Romania*, Oxford, Oxford University Press, 1964, p. 301-302 ; David FLOYD, *Rumania: Russia's Dissident Ally*, New-York, Praeger, 1965, p. 60 ; Lavinia BETEA, *Alexandru Bîrlădeanu*, Éd. Evenimentul Românesc, 1997, p. 133.
[43] J. F. BROWN, *Eastern Europe's Western Connection*, in Lincoln Gordon *et al.* (dir.), *Eroding Empire. Western Relations with Eastern Europe*, Washington D.C., Brookings institution, 1987, p. 43-45.

ce contexte, la Roumanie est devenue l'État communiste qui a réussi l'augmentation la plus spectaculaire de ses relations commerciales avec l'Ouest de l'Europe.

Gheorghiu-Dej et son équipe ne regardaient plus avec le même respect et ne voulaient plus se subordonner aux ordres de Moscou, comme ils l'avaient fait auparavant. Le premier sujet de discorde entre les dirigeants roumains et les Soviétiques a été généré par les plans d'industrialisation des premiers, qui contrevenaient aux projets du CAER. Le lancement de la construction du grand combinat métallurgique de Galați, censé produire 4 millions de tonnes d'acier chaque année, a suscité l'opposition des Soviétiques. Au printemps 1960, Alexandru Bîrlădeanu est resté sept semaines à Moscou, essayant d'obtenir de l'assistance économique et technologique à ce propos. Khrouchtchev a refusé de soutenir le projet et a rejeté même la demande de la partie roumaine d'importer du minerai de fer d'Ukraine.

La plupart des historiens qui ont analysé ce cas ont remarqué que le leader soviétique avait associé les plans d'industrialisation des communistes roumains à leur tendance à l'*indépendance économique* à l'égard de l'Union soviétique[44]. La galvanisation de la dimension nationale du communisme en Roumanie ne s'est pas produite – au moins sur le plan visible publiquement – par des impulsions sociales-populaires, mais communistes autochtones. Pourquoi ? Était-ce véritable ? En analysant ce cours spécifique du régime communiste de Roumanie, même pendant son évolution, John Campbell, que nous avons déjà mentionné, le caractérisait, par des arguments pertinents, comme au moins étrange[45]. D'ailleurs, l'affirmation de la prétendue *indépendance* de la politique extérieure de la Roumanie au début des années 1960 a suscité de nombreuses préoccupations, autant au niveau politique que dans les cercles académiques occidentaux. Toutefois, en dépit de la publication d'un nombre considérable d'études, les éléments importants visant la genèse, le développement et les limites du *détachement* de la Roumanie communiste des lignes imposées par Moscou sont loin d'être élucidés. Cette opinion a été récemment

---

[44] G. IONESCU, *op. cit.*, p. 333-334 ; D. FLOYD, *op. cit.*, p. 62-69 ; S. FISCHER-GALAȚI, *The New Rumania*, p. 84-87 ; J. LÉVESQUE, *op. cit.*, p. 133-145 ; K. JOWITT, *op. cit.*, p. 209-213 ; Z. BRZEZINSKI, *op. cit.*, p. 442-447.
[45] J. C. CAMPBELL, *op. cit.*, Minneapolis, 1965, p. 50-52.

soutenue par le renommé spécialiste en études stratégiques Raymond Garthoff.

Le détachement du gouvernement de Bucarest de certaines actions de la politique étrangère soviétique ne représente qu'une partie du processus complexe de *nationalisation* du communisme en Roumanie. Néanmoins, ce n'est pas le seul épisode à clarifier. Dans la même catégorie on retrouve le retrait des troupes soviétiques de Roumanie, ainsi que le sens et les buts réels poursuivis par la *nationalisation* institutionnelle et sémantique du début des années 1960, elle-aussi contraposée aux tâches symboliques, bien que réelles, de la soviétisation de la Roumanie. L'équivoque qui règne encore sur cette histoire a une cause essentielle : le manque de certaines informations documentaires qui proviennent des sources primaires, c'est-à-dire des archives roumaines et soviétiques. L'accès aux archives communistes de Roumanie a été récemment ouvert – en décembre 2012. La *prudence*, au sens restrictif, des autorités du domaine rendent difficile et même obturent la recherche et l'analyse des fonds documentaires qui pourraient apporter de nouvelles données sur ce thème, à propos duquel le débat reste toujours sous l'influence de certains mythes récents et des hagiographies subjectives, écrites pas des acteurs participant de l'intérieur.

Document: Propositions visant les thèmes des commentaires sur le Traité

À propos de cette *prudence*, nous sommes obligés de réinterpréter les réactions de la Roumanie à l'égard du traité franco-allemand. Un ensemble de documents récemment déclassifiés de la Troisième Direction Relations du ministère des Affaires étrangères montre l'intérêt inattendu de la Roumanie pour la position de la France dans des questions liées à l'OTAN, au Marché commun, aux relations avec la RDA ou bien avec les pays du bloc communiste. L'intérêt de la Roumanie pour le traité de l'Élysée est, donc, surprenant et il dépasse le cadre d'une information offerte à la direction politique du pays. Sur la table de travail de Gh. Gheorghiu-Dej on a déposé également le texte de la Déclaration commune du président de la République Française, le général Charles De Gaulle, et du Dr. Konrad Adenauer, Chancelier de la République fédérale d'Allemagne, du 14 février 1963. Il a été traduit en roumain, à côté d'un document intitulé *Propositions visant les thèmes des commentaires sur le Traité*. Dans l'analyse de la partie roumaine, on dédie une place ample aux clauses militaires, sans personnaliser ni mettre en évidence les potentiels dangers issus de *l'impérialisme allemand*, comme l'avait fait le texte présenté à Gheorghiu-Dej par l'ambassadeur soviétique à Bucarest. Le document des experts roumains parle dans des termes neutres de la « coopération des deux parties dans la démarche de production d'armement, la coordination de l'activité de recherche techniques-militaires, etc.[46] ».

Au cinquième point, le texte devient extrêmement désengagé et souligne, dans sa tonalité d'ensemble, que « la République populaire de Roumanie est profondément attachée à la cause de la paix, elle milite pour la résolution paisible des problèmes internationaux litigieux, pour leur stabilisation et le développement des relations de coopération amiable entre tous les États[47] ».

Une lecture attentive d'un autre texte du dossier préparé pour Gheorghiu-Dej, celle d'une note de réaction trouvée à côté des autres documents et avisée par le leader communiste, avec des mentions dans la marge de la page, transmise à Corneliu Mănescu, le ministre des Affaires étrangères, est édidiante quant à la duplicité de la politique étrangère de Roumanie, orientée par opportunisme sur le vecteur Ouest-Est. Elle l'était aussi pour la gigantesque mystification et projection sur le fondement de ces relations d'une Roumanie avec un appétit significatif pour le développement et la modernisation. Déterminer combien de volonté politique les leaders roumains ont mobilisé dans ce projet revient aux futures recherches, afin qu'elles offrent une réponse tellement attendue. De toute façon, le moment du traité de l'Élysée s'inscrit dans cette longue chaîne d'événements qui ne confirment pas un détachement réel, mais seulement un jeu arrivé sur le fond d'une tendance véritable de détente, visible dans les années soixante et dont la Roumanie s'est proposé de profiter.

---

[46] Archives du ministère des Affaires étrangères, Troisième Direction Relations, Dossier secret, problème 220, 1963, France, annexe 2.
[47] *Ibid.*, f. 2.

Pré-conclusions

Comme première conclusion d'étape, il faut dire que l'intérêt de notre pays à l'égard des ouvertures possibles dans les relations franco-allemandes consignées dans le traité a été affirmé par Gheorghiu-Dej dans une discussion entamée avec George Călinescu, trois ans avant la signature du document à l'Élysée. Le leader roumain a admis qu'il était nécessaire en Roumanie aussi de renoncer au dogmatisme stalinien, mais « le front idéologique [devait] rester intransigeant devant toute déviation de la ligne du parti [...] et devant les tendances cosmopolites et de la petite bourgeoisie ». Gheorghiu-Dej remarquait qu'un développement industriel urgent du pays s'imposait ; or, cet objectif pouvait être atteint « par l'achat en liquide de fabriques modernes des capitalistes[48] ».

Cela confirme encore une fois le cadre conservateur néo-stalinien dans lequel a évolué le régime communiste de Roumanie dans les années soixante et cela soulève, de nouveau, la question de savoir si le prix énorme d'une Roumanie au communisme nationaliste féroce, proclamant sa soi-disant indépendance en politique étrangère par rapport à l'Union soviétique, valait la peine d'être payé.

Une deuxième pré-conclusion met au jour pourtant des fissures intrasystémiques visibles au-delà du Rideau de fer. Elles se sont fait remarquer d'une façon soit modérée, soit directe, à propos du traité de l'Élysée ou à d'autres reprises qui confirment le positionnement des États appelés démocraties populaires à côté, ou tout au contraire, proclamant leur soi-disant indépendance vis-à-vis de l'Union soviétique.

Une autre pré-conclusion vise de nouveau la Roumanie. La plupart des historiens qui ont analysé le cas de celle-ci ont remarqué le fait que le leader soviétique Khrouchtchev avait accepté et associé, d'une façon partiellement correcte, les plans d'industrialisation des communistes roumains à leur tendance d'*indépendance économique* à l'égard de l'Union soviétique. Cependant, il n'a pas apprécié aussi correctement le fait que la galvanisation de la dimension nationale du communisme en Roumanie ne s'était pas produite – au moins sur le plan publiquement visible – par des impulsions sociales-populaires, mais à cause des

---

[48] Lavinia BETEA, « le sténogramme de la discussion entre Gheorghe Gheorghiu-Dej et George Călinescu, le 2 mars 1960 », *România Literară*, n° 11, le 19 mars 2003.

communistes autochtones. Nous pouvons nous demander pourquoi ? Est-ce que c'était véritable ? En analysant ce cours spécifique du régime communiste de Roumanie, même pendant son évolution, John Campbell le caractérisait, par des arguments pertinents, comme au moins étrange. D'ailleurs, l'affirmation de la soi-disant *indépendance* de la politique extérieure de la Roumanie au début des années 1960 a suscité de nombreuses préoccupations, autant au niveau politique, que dans les cercles académiques occidentaux. Toutefois, en dépit de la publication d'un nombre considérable d'études, les éléments importants visant la genèse, le développement et les limites du *détachement* de la Roumanie communiste des lignes imposées par Moscou sont loin d'être élucidés.

Nicolae Păun

Annexe :

Problème : 220   année : 1963   pays : France

MINISTÈRE DES AFFAIRES ÉTRANGÈRES
Troisième Direction Relations

DOSSIER
secret

Visant : le groupe parlementaire d'amitié franco-roumaine ; la position de la France dans les questions liées à l'OTAN et au Marché commun ; relations France-Indonésie et France-RFA
Délai de conservation : permanent

Le 22 janvier 1963, le président de France, Charles De Gaulle, et le chancelier de la RFA, Konrad Adenauer, ont signé à Paris un traité de coopération entre la France et la RFA (Annexe).

Les principales stipulations du traité se réfèrent à la coopération franco-ouest-allemande dans le domaine militaire, politique et dans le domaine de l'éducation des jeunes.

La coopération sur le plan militaire vise principalement à l'élaboration d'une doctrine militaire commune, la production en commun de certains types d'armes, ainsi que la création de certains instituts de recherches franco-ouest-allemands dans le domaine de l'armement (recherches dans le domaine de la physique théorique et expérimentale, de l'aérodynamique, de la balistique, etc.). Le traité ne stipule rien sur l'interdiction de l'accès de la RFA à l'arme nucléaire.

Conformément aux informations reçues, il résulte que le projet français initial contenait une telle clause qui a été pourtant éliminée suite aux insistances du gouvernement de la RFA.

Sur le plan politique, le traité stipule des consultations périodiques à haut niveau et entre les membres des gouvernements des deux États, afin d'établir « autant que possible, une position analogue » dans les principaux problèmes internationaux.

Le traité accorde une attention particulière aux échanges universitaires et aux problèmes de l'éducation des jeunes des deux pays dans l'esprit du rapprochement franco-ouest-allemand.

Parmi les dispositions finales, figure aussi la clause sur l'extension de la durée du traité (à l'exception des stipulations militaires) et sur

Berlin-ouest. Nous mentionnons que le traité franco-ouest-allemand est le premier document juridico-politique d'une telle importance, dans lequel l'une des grandes puissances occidentales prend une position officielle afin de soutenir les exigences de la RFA sur Berlin-ouest.

Étant donné les déclarations du président de la France, selon lesquelles le gouvernement de la RFA devait décider seul quel type d'armes il voulait et quel type de politique militaire il devait adopter, tenant compte aussi de la clause sur Berlin-ouest, il résulte que le traité entre la France et la RFA marque une augmentation de l'influence des cercles militaristes, surtout de ceux de la RFA, et crée de nouvelles possibilités pour la consolidation continue de cette influence sur l'orientation de la collaboration franco-ouest-allemande.

Par rapport au traité franco-ouest-allemand, les pays socialistes suivants ont pris une position officielle :

L'Union soviétique : par les notes adressées aux gouvernements de France et de la RF Allemande, publiées dans la presse du 8 février 1963. Une copie de cette note a été donnée à l'ambassadeur de la RFA à Moscou, lors d'une audience au MAE de l'Union soviétique.

La République démocratique allemande ; par la déclaration du porte-parole du MAE de la RDA du 25 janvier 1963 et par la déclaration gouvernementale de la RDA du 1er février 1963.

R. S. Tchécoslovaquie : par une note adressée au gouvernement français le 16 février 1963.

R. P. Pologne : par une prise de position incluse dans une déclaration du président du Conseil d'État, Alexander Zawadzki, devant une plénière du Comité polonais du Front de l'unité du peuple, du 12 février 1963, qui contient un passage visant le traité franco-ouest-allemand.

R. P. Hongrie : par le discours du premier ministre János Kádár, tenu à l'assemblée électorale du 29 janvier 1963, dans lequel il a mentionné le danger pour la paix représenté par le traité franco-ouest-allemand.

La presse centrale de l'Union soviétique, de la R. S. Tchécoslovaquie, de la R. P. Pologne et de la R. P. Hongrie a publié et continue à publier des articles et des commentaires par lesquels on prend des positions contre le traité franco-ouest-allemand.

Tenant compte de ceci, nous proposons comme suit :

1) Que plusieurs journaux centraux (Scînteia, România Liberă, Scânteia Tineretului) publient des commentaires dans lesquels on

montre les dangers pour la paix impliqués par la mise en application des stipulations du Traité, qu'on enregistre les protestations de l'opinion publique mondiale contre le Traité. Dans ces commentaires, qu'on évite les mentions directes des dirigeants et des membres des gouvernements français et ouest-allemand et qu'on emploie des termes sobres, tenant compte des intérêts des relations de la RPR avec la France et la RFA. Que la Radiotélévision diffuse un commentaire similaire. Nous annexons des propositions visant la thématique de ces commentaires (Annexe 2).

2) Qu'on inclue, dans un discours du chef de la délégation roumaine à la Conférence pour le désarmement, une courte prise de position à l'égard du traité franco-ouest-allemand.

3) Que l'ambassadeur de la RPR à Moscou, à l'occasion d'une audience au MAE de l'Union soviétique, montre que le gouvernement roumain a étudié attentivement les notes du gouvernement de l'Union soviétique adressées aux gouvernements de France et de la RFA, qu'il partage entièrement son point de vue et qu'il soutient les actions du gouvernement soviétique dirigées vers l'assurance de la paix et de la sécurité en Europe.

le 21 février 1963

Auteurs

Elena Rodica Danescu
Chercheuse au département d'Études sur l'intégration européenne au Centre virtuel de la connaissance sur l'Europe (CVCE) à Luxembourg.

Vincent Dujardin
Professeur d'histoire contemporaine à l'université catholique de Louvain-la-Neuve

Gergely Fejerdy
Professeur d'histoire contemporaine à l'université de Budapest

Antoine Fleury
Professeur émérite d'histoire contemporaine à l'université de Genève, éditeur des Documents Diplomatiques Suisses

Josef Laptos
Professeur d'histoire contemporaine à l'université pédagogique de Cracovie

Nicolae Paun
Professeur d'histoire contemporaine et doyen de la faculté d'Études européennes à l'université Bobes-Bolyai Cluj-Napoca

Fernando Rollo
Professeur d'histoire contemporaine et des relations internationales à l'Université de Lisbonne

Sylvain Schirmann
Professeur d'histoire contemporaine à l'institut d'Études politiques (IEP) de l'université de Strasbourg

Les Cahiers de fare
Centre Raymond Poitevin – UMR 7367 Dynamiques européennes
47, avenue de la Forêt-Noire - 67 082 Strasbourg Cedex
Courriel : cahierdefare@unistra.fr
Site internet : www.dyname.unitra.fr

Comité de rédaction

Directeurs de rédaction
Birte Wassenberg, *professeure, université de Strasbourg*
Denis Rolland, *professeur, université de Strasbourg, recteur de l'académie de Dijon*

Membres du comité de rédaction
Marion Aballea, *maître de conférences, université de Strasbourg*
Frédérique Berrod, *professeure, université de Strasbourg*
Maurice Carrez, *professeur, université de Strasbourg*
Justine Faure, *maître de conférences, université de Strasbourg*
Martial Libera, *maître de conférences, université de Strasbourg*
Jean-Christophe Romer, *professeur, université de Strasbourg*
Sylvain Schirmann, *professeur, université de Strasbourg*
Birte Wassenberg, *professeure, université de Strasbourg*

Suivi de la publication
Birte Wassenberg
Marion Aballea

Maquette
Anne-Laure Mosbrucker

Mise en page
Vincent Barret, vb.compo@gmail.com

Avec le soutien de la Fédération de recherche 3241 Unistra / CNRS
L'Europe en mutation : histoire, droit, économie et identités culturelles
11 rue du Maréchal Juin – BP 68 – 67046 Strasbourg Cedex
Site internet : www.europa-cnrs.unistra.fr

L'HARMATTAN ITALIA
Via Degli Artisti 15; 10124 Torino
harmattan.italia@gmail.com

L'HARMATTAN HONGRIE
Könyvesbolt ; Kossuth L. u. 14-16
1053 Budapest

L'HARMATTAN KINSHASA
185, avenue Nyangwe
Commune de Lingwala
Kinshasa, R.D. Congo
(00243) 998697603 ou (00243) 999229662

L'HARMATTAN CONGO
67, av. E. P. Lumumba
Bât. – Congo Pharmacie (Bib. Nat.)
BP2874 Brazzaville
harmattan.congo@yahoo.fr

L'HARMATTAN GUINÉE
Almamya Rue KA 028, en face
du restaurant Le Cèdre
OKB agency BP 3470 Conakry
(00224) 657 20 85 08 / 664 28 91 96
harmattanguinee@yahoo.fr

L'HARMATTAN MALI
Rue 73, Porte 536, Niamakoro,
Cité Unicef, Bamako
Tél. 00 (223) 20205724 / +(223) 76378082
poudiougopaul@yahoo.fr
pp.harmattan@gmail.com

L'HARMATTAN CAMEROUN
BP 11486
Face à la SNI, immeuble Don Bosco
Yaoundé
(00237) 99 76 61 66
harmattancam@yahoo.fr

L'HARMATTAN CÔTE D'IVOIRE
Résidence Karl / cité des arts
Abidjan-Cocody 03 BP 1588 Abidjan 03
(00225) 05 77 87 31
etien_nda@yahoo.fr

L'HARMATTAN BURKINA
Penou Achille Some
Ouagadougou
(+226) 70 26 88 27

L'HARMATTAN SÉNÉGAL
10 VDN en face Mermoz, après le pont de Fann
BP 45034 Dakar Fann
33 825 98 58 / 33 860 9858
senharmattan@gmail.com / senlibraire@gmail.com
www.harmattansenegal.com

L'HARMATTAN BÉNIN
ISOR-BENIN
01 BP 359 COTONOU-RP
Quartier Gbèdjromèdé,
Rue Agbélenco, Lot 1247 I
Tél : 00 229 21 32 53 79
christian_dablaka123@yahoo.fr

Achevé d'imprimer par Corlet Numérique - 14110 Condé-sur-Noireau
N° d'Imprimeur : 128995 - Dépôt légal : mai 2016 - *Imprimé en France*